Charlotte Kreth

Übungen anhand von
kurzen Prosatexten zur

Inhaltsangabe,
Erörterung und
Textanalyse

(mit Lösungsansätzen)

Fertige Kopiervorlagen für Sek. I & II

© Charlotte Kreth (Hrsg.), 2010

2. überarbeitete Auflage

Herstellung und Verlag:

Books on Demand GmbH, Norderstedt

Printed in Germany

ISBN: 978-3-8391-8990-0

Inhalt

Text	Inhaltsangabe	Erörterung	Interpretation / Analyse	Seite
Matthias Deuster: Die Tauben	√	√	√	4
Sebastian Kühn: Der Rattenkäfig	√	√	√	8
Yvonne Szymoniak: Der Eremit	√		√	10
Willi Hagenguth: Der Mörder	√		√	13
Jens Trippler: Der Anzug	√	√		16
Hans H. Beese: Der Stotterer	√	√		21
Martin Dräger: Eigentlich		√	√	24
Stefanie Böhm: Der göttliche Fehler		√	√	25
Julia Adler: Kleine Fabel		√	√	27
Christian Ulm: Die Zündschnur		√	√	28
Marc Dönitz: Hans		√		30
Margret Giese: Auf der Pelzfarm		√		32
Birgit Bever: Die Lebenslinie	√	√		33
Frank Schade: Harmagedon			√	35
Susanne Steinhagen: Sirenen			√	37
Carsten Langemann: Unser aller			√	39
Richard Kreth: Im Koma	√	√		41

Lösungsansätze 45

Matthias Deuster: Die Tauben

Fünf Jahre war ich damals alt und ritt heim auf den Schultern meines Vaters, da der lange Spaziergang im Park mich ermüdet hatte. Den Weg zurück nach Hause wählten unsere Eltern durch die Innenstadt, weil meine Mutter noch etwas erledigen wollte. Schon bald verschwand sie in einem Geschäft und wir warteten draußen. Während es sich mein Vater auf einer Bank mit übereinandergeschlagenen Beinen, so gut es ging, gemütlich
5 machte, versuchten mein Bruder Daniel und ich die Langeweile durch Herumtollen zu zerschlagen. Nach einer Weile holte mich meine Mattigkeit ein und ich nahm neben meinem Vater Platz. Nur wenig später gesellte sich Daniel zu uns. Wir warteten und hofften, dass bald der Heimweg fortgesetzt würde.

Vor uns liefen ein Dutzend Tauben. Auch auf den Giebeln und Dächern der alten Fachwerkhäuser saßen sie und lauerten darauf, ein Stück Eiswaffel oder eine Brotkrume zu erhaschen. Es herrschte ein reger Betrieb:
10 Einige flogen zu uns herab und verscheuchten wiederum andere, deren Platz sie einnahmen. Auf dem alten Kopfsteinpflaster marschierten sie nickend, etwas plump im Zickzack, stets auf der Hut, nicht von einem in Gedanken versunkenen Passanten getreten zu werden. Nur einen Augenblick vor einer drohenden Kollision erhoben sie sich, um wenige Schritte entfernt erneut zu landen und ihre Suche fortzusetzen. Schläfrig beobachtete ich dieses Treiben und die Ausweichmanöver der Vögel. Den Kopf hatte ich in den Schoß des Vaters gelegt
15 und ich war dabei einzunicken. Während mir die Augen zufielen, näherten sich indessen einige Tauben unserer Bank.

Mit lautem Gebrüll, sodass sowohl mein Vater als auch ich vor Schreck zusammenfuhren, stürzte sich völlig unerwartet mein Bruder auf die uns nächste Taube, die verängstigt nach einem schnellen Zucken in ihren kurzen Beinen mit den meisten anderen davonflog. Und während mein Vater nach Fassung suchte, lief Daniel den
20 Tauben, die sich noch nicht in Sicherheit gebracht hatten, brüllend hinterher. Doch bevor mein Vater dieser Jagd Einhalt gebieten konnte, stand der Alte da, im Lauf meines Bruders, der regelrecht in ihn hineinrannte und von dem abrupten Aufprall rücklings auf den Hintern geschleudert wurde. Nun saß Daniel auf dem Boden und schaute, nicht verstehend, was gerade geschehen war, zu ihm hinauf. Dabei gab er keinen Ton von sich. Ob es Furcht war oder Schmerz durch den Fall, konnte wahrscheinlich nicht einmal Daniel selbst mit Gewissheit sa-
25 gen.

„Sie da, was machen Sie mit meinem Sohn?", schrie mein Vater, der von der Bank aufgesprungen war, den Alten an und lief zu meinem Bruder hinüber, um ihm zurück auf die Füße zu helfen. Und während Daniel, dem mein Vater über die Hose strich, nun doch zu weinen anfing, schimpfte mein Vater den Alten aus, der wiederum schweigend da stand: „Können Sie nicht sprechen? Oder wollen Sie einfach eine Tracht Prügel?", fluchte
30 er laut und blickte dem Alten ins faltige Gesicht, das von einem weißen Vollbart, der zu dem ebenso weißen Kopfhaar passte, stark zugewuchert war. Der Alte schaute unentwegt zu meinem Bruder. Plötzlich sagte er mit klangvoller Stimme: „So jung, erst kurze Zeit auf der Welt und doch trachtest du zum Spaße nach dem Leben. Aber schätzen sollst du dieses wertvollste Geschenk, nicht zum Vergnügen vernichten! Denn nicht immer werde ich dich vor Unvernunft und der ihr folgenden Strafe schützen können. So folge meinem Rat und du wirst
35 kein Unheil fürchten müssen!"

Stumm starrte mein Vater den Alten an. „Sind Sie irre?", war alles, was er nach einem Moment herausbekam. Nun wechselte der Blick des Alten, ohne bei meinem Vater zu pausieren, zu mir. Dann kam er herüber zur Bank, auf der ich sitzen geblieben war. „Auch wenn der Jüngere dem Älteren zu dessen Freude dient, wird er dennoch schuldig, wenn er ein närrisches Unrecht, das er als solches erkennt, nicht verhindert. Selbst beim Lachen
40 kann das Herz trauern und das Leid mag ewig sein."

„Jetzt reicht es aber", schnauzte mein Vater. „Scheren Sie sich zum Teufel! Oder Sie bekommen wirklich eine Tracht Prügel."

Unbeirrt und meinen Vater ignorierend, beugte er sich zu mir herab und flüsterte: „Ich sehe, dass du gut bist und mich verstehen wirst. Achte auf deines Bruders Leben und führe ihn fort von dem Weg, den er im Begriff ist, einzuschlagen. Nur du kannst ihn retten! Glaube an deine Stärke!"

Daraufhin richtete er sich wieder auf und blickte mir tief in die Augen. Es war, als brannten sich seine Worte in meine Seele. Und obgleich ich trotz seiner Behauptung nichts von alldem begriffen hatte, so erinnerte ich mich später dennoch an jedes einzelne Wort, und in jenem fernen Moment wurde mir die Bedeutung klar. Zunächst vergaß ich seine Worte jedoch.

Mein Bruder und ich wuchsen heran. Während sich Daniel mehr und mehr zu einem wilden Burschen entwickelte, den meine Eltern nur mit Mühe zu bändigen wussten, schlug ich den entgegengesetzten Weg ein. Meine Wesensart war das Pendant[1] zu seinem: still und zurückhaltend, schüchtern. Aber so ungleich wir auch waren, es verband uns das unzertrennliche Band von brüderlicher Liebe und Achtung.

Sieben Jahre später, kurz nach Daniels 14. Geburtstag, erschien mir der Alte in einem Traum. Barfüßig lief ich aus unserem Garten hinein in den angrenzenden Wald. Meine einzige Kleidung bestand aus meinem Nachtgewand. Ich fühlte mich verfolgt und rannte ziellos immer tiefer ins Dickicht, sodass ich langsamer wurde, um Äste beiseite zu biegen, die mir den Weg versperrten. Bald waren meine Kräfte verbraucht und ich musste anhalten. Sollte ich mich meinem Verfolger stellen, den ich nun ganz deutlich spürte? Meine Angst war seltsamerweise unterdessen verschwunden. Ich meinte, einen Freund wahrzunehmen. Dann öffnete sich mit einem Mal der Wald vor mir und ich befand mich auf einer wiesenbewachsenen Lichtung. Die Schönheit des Ortes, der lauwarme Wind und die Sonne, die jetzt hoch am Firmament stand, wiegten mich in Sicherheit und bereiteten mir ein überaus behagliches Gefühl. Ich legte mich ins Gras und schloss die Augen, bis sich der Himmel verdunkelte. Als ich aufschaute, stand vor mir der alte Mann, die Sonne im Rücken. Trotz des strengen Blickes fürchtete ich mich nicht. Noch strahlte er eine beruhigende Milde aus.

„Achte auf deines Bruders Leben!"

Dann erwachte ich. Die Worte des Alten waren noch nicht in meinem Kopfe verhallt, als schließlich die Sonne aufging. Das Wetter schien endlich besser geworden zu sein. Mehrere Wochen lang hatte es fast ununterbrochen geregnet, sodass wir im Hause hatten spielen müssen und nur der Schule wegen hinausgegangen waren. Ungeduldig sahen wir an jenem Morgen hinaus in den heimischen Garten, wo die letzten Tropfen, die an den Halmen hingen, die ersten grellen Strahlen widerspiegelten und uns entgegenwarfen. Die vielen Tage des Hausarrestes hatten in uns ein Verlangen nach Freiheit aufgebaut, das kontinuierlich gewachsen war und welches nun entschieden darauf drängte, befriedigt zu werden. Unsere aufgestaute jugendliche Energie ließ uns fast zerbersten. Wie frei gelassene Tiere stürmten wir nach dem Frühstück unter lautem Jubel hinaus, rauften uns, spielten Fangen, tollten herum, suchten alte Verstecke auf und schauten nach dem Rechten in unserem Reich, das so lange auf seine Herrscher hatte verzichten müssen.

Zum Geburtstag hatte Daniel ein Luftgewehr bekommen. Schon seit Langem war sein sehnlichster Wunsch diese Waffe gewesen. Und dann endlich erfüllten meine Eltern ihm sein Begehr. Durch den anhaltenden Regen hatte er jedoch bis dahin die Fähigkeiten der Flinte, wie sie mein Vater abfällig nannte, nicht im Freien erproben können. Jetzt aber hielt er sie im Arm, jederzeit schussbereit. Schon bald machte er seine ersten Ziele aus: Alte Blumentöpfe unserer Mutter und leere Flaschen, die im Schuppen aufbewahrt wurden. Wir stellten alle in einer Reihe auf.

---

[1] (Passendes) Gegenstück.

Nachdem er eine Weile recht erfolgreich geübt hatte, willigte er endlich ein, mit mir in den Wald zu gehen. Dort schoss er auf Tannenzapfen und Pilze. Obwohl der Untergrund noch sehr feucht und matschig war und das Wandern erschwerte, entfernten wir uns weiter als je zuvor vom elterlichen Haus. Wir drangen in eine unbe-
85 kannte Gegend des Waldes ein, getrieben von unserem aufgestauten Tatendrang. Von Zeit zu Zeit störte lediglich der Knall des Luftgewehrs die friedvolle Ruhe.

Erst langsam fiel mir auf, dass der Wald dichter geworden war. Mein Bruder wanderte voran und öffnete mir den Weg. Und müde wurde ich auch, sodass ich ihn zur Umkehr anhielt. Doch nur einige Schritte weiter, und wir standen plötzlich am Rande einer Lichtung. Schlagartig erkannte ich sie wieder: die Lichtung meines Trau-
90 mes. Sie lag vor uns mit all ihrer Schönheit, ihrem Duft, dem leichten Wind und der strahlenden Sonne. Während mein Bruder freudig ins Zentrum der Lichtung hineinlief, durchfuhr mich ein Schrecken. Wie gebannt blieb ich stehen und überlegte, was ich tun sollte. Daniel von meinem Traum berichten? Er würde mich für verrückt erklären. Und war ich das nicht auch? Hatte ich denn wirklich von genau dieser Lichtung geträumt? Sorgfältig prüfte ich sie. Aber ja, sie war es! Ich hatte keine Zweifel mehr. Was hatte mir der Alte gesagt? Und was machte
95 Daniel da? Er rief mir etwas zu, aber erst als ich näher kam, konnte ich seine Worte verstehen: „Siehst du die Taube auf dem Baum dahinten? Sie schläft. Ich werde mich mal anpirschen und sie wecken." Dabei lachte er und bewegte sich dann vorsichtig durch das Gras in die zuvor angedeutete Richtung.

Als er sich hinkniete, um besser zielen zu können, rannte ich von panischer Angst getrieben zu ihm hinüber. Nicht nur, dass ich mich an die Worte des Alten in meinem Traum erinnerte, zurückgekehrt war auch die erste
100 Begegnung mit ihm.

„Daniel, nicht!", schrie ich flehend während des Spurtes. Doch der Schuss fiel und zu spät stieß ich ihn um.

„Was ist denn in dich gefahren?", attackierte mich grollend mein Bruder und sah verwundert zu mir hinauf, der ich offenen Mundes, aber wortlos und keuchend vor ihm stand. Dann erhob er sich rasch und, ohne mich eines weiteren Blickes zu würdigen, lief er zum Rand der Lichtung. Wirre Gedanken rasten mir durch den Kopf:
105 Was war geschehen? Was würde nun passieren? Vielleicht hatte er die Taube gar nicht getroffen? Vermutlich würde gar nichts passieren!

„Wahnsinn! Ein Schuss, ein Treffer! Und das mit einem Luftgewehr", brüllte mein Bruder stolz zu mir herüber.

Bestimmt würde gar nichts Schlimmes passieren!

„Hier, siehst du?" In der Hand hielt er den toten Vogel und streckte mir seine Trophäe zur Bewunderung ent-
110 gegen. Das Federkleid war nur ein wenig zerzaust und Blut konnte ich nicht entdecken. Wahrscheinlich war die Taube nicht tot, sondern nur bewusstlos. Aber der Kopf hing schlaff zur Seite und ich spürte, dass mein Wunschdenken vergebens war. Aber vielleicht würde überhaupt nichts Schlimmes passieren!

Dann stand er hinter uns. „Nichts hast du gelernt. Das Leben achtest du immer noch nicht." Hastig drehten wir uns um. Er trug sogar dieselbe Kleidung wie in meinem Traum. Sprachlos starrten wir den Alten an, der
115 vollkommen ruhig und erhaben vor uns stand und zu meinem Bruder sprach: „Aber du sollst das Leben schätzen, nicht zum Vergnügen dieses wertvollste Geschenk vernichten! Ich werde dich nicht mehr vor deiner Unvernunft und der ihr folgenden Strafe schützen wollen. Gewissenhaft folge meinem Rat und du wirst kein Unglück fürchten müssen!"

Daraufhin wandte er sich mir zu und ermahnte mich streng: „Du, achte auf deines Bruders Leben! Einzig du
120 vermagst das Schreckliche abzuwenden!"

Wir ergriffen die Flucht und ließen den Alten einfach stehen. Ohne ein Wort zu sprechen, liefen wir schnell zurück in den Wald. Auf dem Heimweg erzählte ich Daniel von meinem Traum und wünschte mir, dass er mich ernst nähme. Doch Daniel lachte nur, schalt mich und den Alten Narren, hielt mir die Taube unter die Nase und befahl mir, unseren Eltern nichts zu sagen.

125 Ich gehorchte. Doch die Warnung des Alten im Ohr, stahl ich Daniels Gewehr, zerschmetterte es an einem Baum und vergrub die zerborstenen Teile im Wald. Meines Bruders Fluchen, Drohen, Schläge und Flehen, ich solle es ihm wiedergeben, halfen nicht, und meine Eltern schenkten ihm weder Glauben, als er mich einen Dieb nannte, noch ein weiteres Gewehr, als er sie aufforderte, ihm ein neues zu besorgen. Und bald kehrte die brüderliche Eintracht zurück, als Daniel die Reize des anderen Geschlechts entdeckte.

130 Nach seiner erfolgreichen Führerscheinprüfung wartete Daniel begierig auf den Tag seiner Volljährigkeit. Diese sollte ihm die absolute Autonomie, die Möglichkeit zur uneingeschränkten Entfaltung all seiner Wünsche und Ideen erlauben - und natürlich auch die Einwilligung meines Vaters, den Sportwagen zu fahren. Seine Ungeduld war ansteckend. Ich fieberte mit ihm und hoffte ebenso sehr, dass dieses Warten endlich vorüber wäre.

Und dann war er da! Zwar war meine Mutter dagegen gewesen, Daniel das schnelle Auto zu geben, doch
135 hatte sie sich vergeblich bemüht, meinen Vater umzustimmen. Dieser schien es nicht zu wagen, sein Versprechen zu brechen, sodass Daniel und ich schließlich zur Garage eilten, während der Schlüssel fest umschlossen in seiner Hand lag. Unser Ziel sollte der nahe gelegene See sein, wo Daniel sich mit seinen Freunden verabredet hatte. Das wunderbare Wetter lud zum Grillen und Baden ein.

Mit hoher Geschwindigkeit fuhren wir aus der Stadt hinaus, die Chaussee hinunter. Erst kurz vor der langge-
140 zogenen Kurve bremste Daniel ab. Als unser Wagen aus ihr hinaustrat, sahen wir sie im selben Atemzug grau meliert[1] auf der Landstraße sitzen.

„Ob wir die wohl kriegen?", wandte Daniel sich mir lächelnd zu. Ich wollte etwas erwidern, wagte es aber nicht. Dann merkte ich, wie der Wagen enorm beschleunigte und sich einen Augenblick später von der Erde löste. Als ob meine Augen ungeschützt in die Sonne geschaut hätten, wurde ich geblendet von dieser plötzli-
145 chen Grelle.

Zuerst spürte ich eine milde Brise, danach vernahm ich den beruhigenden Grasgeruch, bevor die ersten Konturen langsam deutlicher wurden. Ich blickte zur Seite und erkannte meinen Bruder, der reglos neben mir lag. Über uns saß im Geäst gurrend die Taube, die Daniel hatte überfahren wollen. Ich schloss die Augen und der Himmel verdunkelte sich. „Selbst beim Lachen wird dein Herz trauern und dein Leid ewig sein", hörte ich die
150 Worte des Alten.

Weinend erwachte ich aus meiner Ohnmacht und sah meine Eltern neben dem Bett stehen. „Daniel?", fragte ich ängstlich mit schwacher Stimme. Behutsam beugte sich meine Mutter zu mir herab und küsste mich sanft auf die Stirn. Ich aber spürte nur ihre brennende Träne, die mir auf die Wange gefallen war.

Aufgaben:

1. *Fassen Sie die Erzählung in Form einer strukturierten Textwiedergabe (Inhaltsangabe) zusammen.*

2. *Erörtern Sie, inwiefern Daniels Tod gerechtfertigt ist.*

3. *Erläutern Sie die Doppeldeutigkeit des Titels.*

4. *Stellen Sie Mutmaßungen darüber auf, wer der alte Mann ist, und begründen Sie Ihre Spekulationen.*

5. *Finden Sie im Internet heraus (z. B. unter www.beliebte-vornamen.de), welche Bedeutung der Name Daniel hat, und setzen Sie Ihr Ergebnis in Beziehung zum Inhalt der Erzählung.*

---

[1] Teilweise grau.

Sebastian Kühn: **Der Rattenkäfig**

Wir sind fünf in unserem Käfig, getrennt von der übrigen Welt durch stählerne Gitterstäbe. Platz haben wir eigentlich ausreichend. Das heißt, wenn einer von uns ruht und sich während seiner Entspannung in die Mitte unserer, so vermute ich, nur kurzfristigen Welt legt, dann haben die vier Übrigen je eine Seite, an der sie rastlos entlanglaufen können. Streitigkeiten bei der Verteilung hat es nicht gegeben, da wir zwei alte, zwei junge und

5 eine Ratte mittleren Alters sind und die jeweils ältesten die längeren Seiten unseres rechteckigen Gefängnisses für sich beanspruchen. Das ist nur gerecht, nennen sie unseren Käfig doch ihr Heim eine bereits weitaus längere Zeit als wir jüngeren. Obgleich die Zuteilung auf den ersten Blick plausibel scheinen mag, ist sie gleichermaßen unvernünftig, da die älteren sich ohnehin weniger bewegen müssen und können als wir jüngeren. Dennoch wollte niemand die bestehenden Ansprüche anzweifeln. Keiner von uns war darauf aus, die vorhandene Ein-

10 tracht untereinander wegen einer derartigen Nichtigkeit zu trüben. Es ist verständlich, dass sie, da sie hier bereits so lange ausharren müssen, es sich sozusagen verdient haben, die jeweils längere Seite nutzen zu dürfen. Selbst wenn sie es augenscheinlich nicht derart effektiv zu tun vermögen, wie wir Jungen es könnten. Die älteste der beiden Ratten, eine äußerst nette Alte übrigens, erlebt mit meinem Bruder und mir schon die fünfte Generation. Wenn das nicht von Zähigkeit zeugt!

15 Weshalb wir allesamt hier drin sind, konnten nicht einmal die ältesten Ratten sagen, und ihre einzige Antwort auf unsere Frage blieb ein lapidares[1], kommentarloses Schulterzucken. In anderen Bereichen zeigen sie sich gesprächiger und versuchen unser Wissen ständig zu erweitern, indem sie uns Neues und bis zu diesem Zeitpunkt Unbekanntes über die Geschichte unserer Art erzählen. Die andere Ratte, ein Übriggebliebener der dritten Generation, wie wir gestern erfuhren, scheint mir ein wenig in sich gekehrt und nachdenklich. Vielleicht

20 vermisst er seine Geschwister oder Eltern? Seine Verschlossenheit ist kaum störend. Bis jetzt hat er uns noch nicht gestattet, ein derart inniges Verhältnis zu ihm aufzubauen, wie wir es mit den älteren genießen dürfen. Obgleich dies bisweilen die herrschende Harmonie beeinträchtigt, lassen wir jenen Sonderling in Ruhe seinen Gedanken und Träumen nachgehen. Schweigend läuft er entlang der Gitterstäbe, immer die Seite nehmend, die ihm, abhängig davon, ob eine der beiden Alten ruht oder nicht, zugewiesen worden ist. Manchmal stoppt er

25 seinen Lauf, um sich an die metallenen Stäbe zu lehnen und seine spitze Schnauze durch die Spalten zu stecken und die Luft jenseits unseres Käfigs zu schnuppern. Verlangt es ihn nach seinen Verwandten? Wir wagen es nicht, danach zu fragen.

An die Zeit, bevor wir begannen, diesen Käfig unser Heim zu nennen, vermögen wir uns wenig zu erinnern. Mein Bruder und ich gelangten, kaum dass wir unsere Augen geöffnet hatten und nicht mehr von der Mutter

30 gestillt werden mussten, hier hinein. Welches Schicksal unsere übrigen Geschwister oder unsere Eltern erfahren haben, ist uns leider unbekannt. Es scheint seitdem eine Ewigkeit vergangen zu sein, dennoch freuen wir uns täglich mehr auf den Moment - und dass dieser einmal eintreten wird, daran besteht für uns kein Zweifel -, an dem wir wieder vereint sein werden. Ach, was für ein Fest das sein wird! Vermutlich ist auch unser Eigenbrötler deshalb zu einem solchen geworden, da er sich nach diesem Zeitpunkt so sehr sehnt und im Gegensatz

35 zu uns anderen keines seiner Geschwister mehr an seiner Seite weiß.

Gerade weil wir eine recht starke Gemeinschaft sind und unser Zusammenleben in unserer bescheidenen Welt friedlich verläuft, lässt sich die Sehnsucht aushalten. Freilich verspürt ein jeder von uns den Drang, sich einmal mit jemand anderem zu unterhalten. Liebend gerne möchten wir weiter als lediglich ein Dutzend Schritte laufen können, ohne prompt wieder umdrehen zu müssen. Ja, wollen wir nicht alle diesen Käfig und unseren

40 fensterlosen, lediglich durch Neonleuchten erhellten, weiß gekachelten Raum, mit seinen zahllosen Käfigen der verschiedensten Größen, die wiederum die diversesten Geschöpfe beinhalten, durch die einzige, stets verschlossene Tür verlassen, auch wenn dahinter Gefahren lauern mögen, die uns nach dem Leben trachten? Es

---

[1] Kurz, knapp.

lässt sich nicht leugnen, dass wir hier alles besitzen, was wir für unser bescheidenes Dasein benötigen. Weder hungern noch dursten müssen wir. Für beide Verlangen ist ausreichend gesorgt. Ein Mensch in weißem Kittel
45 kümmert sich sorgfältig um unser Wohlbefinden. Selbst Vitaminspritzen erhalten wir täglich zweimal. Morgens und abends erscheint der Pfleger, und obwohl es ein wenig sticht, wenn die Nadel in meinen Nacken dringt, sind die Schmerzen in Anbetracht der Tatsache, dass es nur zu meinem Besten geschieht, gering und durchaus auszuhalten. Auch die Alten meinen, dass es lediglich eine Frage der Gewöhnung sei, bis man nicht mehr davon zusammenzucke. Bereitwillig schenke ich ihnen Glauben, denn sie geben während des Stiches keinen einzigen
50 Ton von sich und nehmen ihn vollkommen regungslos hin. Ach, geht es uns allen denn nicht wirklich gut?

Heute Morgen passierte etwas Schreckliches. Kurz bevor der Mensch den Raum betrat, um uns zu verpflegen, ist eine der beiden Ältesten umgekippt, bewegte sich nicht mehr und lag nach Atem ringend vor uns. Fassungs-los standen wir allesamt da und wussten nicht, was wir nun tun sollten. Wir waren derart überrascht und ver-ängstigt, dass wir uns kaum zu rühren wagten. Sogar die andere Alte blickte ratlos und hilfesuchend umher,
55 beschnupperte schließlich kurz ihre Kameradin und legte sich dann wortlos neben sie. Die Ratte mittleren Al-ters zuckte gleichgültig mit den Schultern und setzte ihren Lauf entlang der Gitterstäbe fort. Entgegen seiner Gewohnheit redete er etwas später und meinte zu uns, es sei wahrscheinlich ein Kreislaufkollaps gewesen. Wir können für ihr Wohl nur hoffen, dass er recht behalten wird. Das Glück der Alten war es nämlich, dass unmit-telbar nach ihrem Zusammenbrechen unser Pfleger das Desaster entdeckte und ihr sofort zu Hilfe eilte. Er
60 nahm sie, die immer schwerer zu atmen schien, behutsam aus dem Käfig und verließ für einen kurzen Moment den Raum. Sicherlich hat er sie in ein Hospital gebracht, in dem sie nun sorgfältig beobachtet wird und sich wahrscheinlich bereits auf dem Weg zur völligen Genesung von ihrem tragischen Zusammenbruch befindet. Ein jeder von uns hegt die Hoffnung, dass bald der alte Friede wiederhergestellt sein wird. Freudig sehen wir dem Tag ihrer Heimkehr entgegen, an dem sie uns vor allem auch von der Welt jenseits dieses Raumes wird berich-
65 ten können.

Aufgaben:

1. *Fassen Sie die Erzählung in Form einer strukturierten Textwiedergabe (Inhaltsangabe) zusammen.*

2. *Erörtern Sie, inwiefern Tierversuche für den medizinischen Fortschritt nötig sind.*

3. *Stellen Sie Mutmaßungen darüber auf, welche Einstellung der Autor zu Tierversuchen hat, und begrün-den Sie Ihre Spekulationen.*

Yvonne Szymoniak: **Der Eremit**[1]

Einst verbrachte ein alter Eremit seine ihm noch verbleibenden Lebenstage in einer Höhle in den Bergen weit über einer prächtigen Stadt. Nur wenige nötige Dinge nannte er sein Eigentum und lediglich ein altes, raues Stück Leder, das er als Lendenschurz trug, bildete seine karge Kleidung. Obgleich seine Mahlzeiten äußerst dürftig waren und die Askese[2] zu einer dürren Statur geführt hatte, fühlte er sich gesund und glücklich. Das
5 lange, weiße Haar, welches seine schmale Schulter gegen Wind und Eis schützte, und der graue Bart, der sein Kinn und die faltigen, eingefallenen Wangen bedeckte und mittlerweile hinunter bis zu seiner mageren Brust gewachsen war, stützten durch ihr Bild den Nimbus[3] eines Weisen, den er bei den Bewohnern des Reiches besaß.

Der Eremit galt ihnen als Heiliger und seine Klugheit war bis weit über die Grenzen des Landes bekannt und
10 geschätzt. Regenten[4] und Feldherren sowie Ärzte und Kranke suchten ihn auf, baten um Hilfe und erhielten stets besonnenen Rat. Er nahm sich Zeit für jeden, der den Weg zu ihm gefunden hatte. Unabhängig davon, ob ihn ein König oder Bettler zu sprechen wünschte – immer überlegte er gründlich, bevor er seine Lösungen nannte.

Woher der Eremit stammte, war niemandem bekannt. Und doch kursierten zahlreiche Gerüchte über seine
15 Herkunft. So behaupteten einige, er sei ein Fürstensohn, der in jungen Jahren in Prunk und Reichtum gelebt hätte, um schließlich des luxuriösen Lebens überdrüssig zu werden, sich davon loszusagen und trotz des Flehens seines Vaters schließlich in die Welt als mittelloser Bettelmönch hinauszuziehen. Manch einer fügte dieser Legende hinzu, dass der Eremit durch viele Länder zusammen mit einer ihm folgenden Schar von Jüngern gezogen wäre, um in Armut lebend Frieden und Weisheit zu finden und an die Menschen weiterzugeben. Nun sei
20 der Alte von der langen Wanderschaft müde geworden und gönne seiner Seele in Meditation die himmlische Ruhe. Er durfte darauf vertrauen, dass seine treuesten und erfahrensten Jünger weiterhin durch die Länder wanderten, um die Torheiten der Menschen zu entlarven und ihnen ein Ende zu bereiten und dadurch seine Vorstellungen von friedvoller Eintracht und Vernunft auch in Zukunft in die Welt zu tragen.

Dann gab es andere, die gehört haben wollten, dass der Eremit früher der einfache Sohn eines Fischers gewe-
25 sen sei und einen Wassergeist vor dem Verschlingen durch einen Hecht gerettet hätte. Belohnt worden sei er mit Weisheit. Bis auf ein paar alte, abergläubische Weiber zweifelte diese Geschichte aber jedermann an und es wurde bei so viel Phantasterei gern geschmunzelt.

Eine wahrhaftig ungehörige Behauptung über die Abstammung des Eremiten vertrat einst indessen ein junger Kaufmannssohn der Stadt. Eines Abends, als dieser mit Freunden zechend im Wirtshaus saß, meinte er, dass
30 der Alte ein vertriebener Hofnarr aus einem weit, weit entfernten Land sei, den seine Verbannung hierher ins Exil getrieben habe. „Dieser alte, dürre Scharlatan[5]", wie er ihn laut lallend und mit spöttisch verzogener Miene nannte, „nutzt die Dummheit aller aus und verkauft ihnen seinen Unsinn als Weisheit." Weil die Tischnachbarn ihm heftig widersprachen, knallte er den eben zum Trinken angesetzten Bierkrug so hart auf den Tisch, dass ein Teil des Inhalts überschwappte, hob mit gleicher Wucht seine Hand mit belehrendem Zeigefinger und rief den
35 Anwesenden volltönend zu: „Ihr Narren! Er lässt sich von euch als Heiliger preisen, und ihr merkt nicht, dass ihr einem Scharlatan aufgesessen seid." Als der Protest gegen die Behauptungen des Kaufmannssohn nun auch von anderen Tischen, die die dreisten Unterstellungen mitbekommen hatten, herüberdrang, stand der Jüngling mit hochrotem Kopf auf und kreischte wütend: „Ihr wollt Beweise? Nun, die will ich euch bringen. Begleitet mich morgen früh hinauf zu dem alten Schwindler, und ihr werdet erkennen müssen, dass ich Recht habe."

---

[1] Einsiedler.
[2] Streng enthaltsame Lebensweise (zur Verwirklichung sittlicher und religiöser Ideale).
[3] Besonderes Ansehen, Ruhm.
[4] Staatsoberhaupt.
[5] Jemand, der besondere Fähigkeiten vortäuscht und andere damit hinters Licht führt.

40 Damit nahm er seinen Hut und torkelte unter lauten Beschimpfungen, die ihm hinterhergeschrien wurden, hinaus aus der Gaststube.

Die letzten Nebelbänke waren eben durch die Sonne vertrieben worden, als die ersten Einwohner erschienen, um den Beginn der Wanderung nicht zu versäumen.

Als schließlich der Mittag nahte, hatte sich ein Großteil der Bürger versammelt, um zusammen mit dem
45 Kaufmannssohn hinauf zum Einsiedler zu wandern. Rasch hatte das tollkühne Vorhaben des Jünglings noch tags zuvor seine Runde durch die Stadt gemacht. Und obgleich die meisten bezweifelten, dass dessen Entschluss erfolgreich sein würde, ihn einen Narren nannten und manch einer sogar zornig rief, dass der Morgen nun bald vorbei sei, der Kaufmannssohn sicherlich nicht mehr komme und sich alle wieder zurück an den heimischen Herd machen könnten, wuchs die Menge stetig an. Es war kurz vorm Glockenschlag der letzten Stunde des
50 Vormittags, als der junge Kaufmannssohn tatsächlich fidel ein Liedlein pfeifend zu der ungeduldigen Ansammlung stieß. Während einige, die weder ihn noch das begleitende Raunen bemerkt hatten, noch immer über die Frechheit des Jünglings schimpften, sprach der Herausforderer laut zu der verharrenden Gruppe: „Gut. Je mehr, desto besser. So folgt mir!" Damit nickte er ihnen zu und schritt mit deutlich erhobenem Haupt voran in Richtung Stadttor, um sodann den kürzesten Weg zum Eremiten einzuschlagen. Schweigend folgte die zähe
55 Masse - der Kaufmannssohn allerdings summte weiter seine Melodie.

Trotz des zügigen Wanderns dauerte es bis zum späten Nachmittag, bis die Höhle des Eremiten erreicht wurde. Während des Marsches war kaum gesprochen worden, und wenn, dann lediglich flüsternd, derart angespannt waren alle. Jetzt stand ein kleiner Teil der Gruppe vor dem schmalen Eingang zur Zuflucht des Einsiedlers, allen vorweg der Kaufmannssohn. Viele aber mussten am Hang Platz nehmen und sich durch ihre größeren
60 Vordermänner vom Geschehen berichten lassen. Dem Eremiten war die Prozession[1] herauf zu seinem Gipfel nicht entgangen, deshalb trat er wenige Momente nach derer Ankunft aus der Höhle hinaus und erkundigte sich nach ihrem Begehr. Kaum einer hatte den Alten je zu Gesicht bekommen, kannte sein Aussehen und Auftreten nur aus den zahlreichen Erzählungen, sodass sein Erscheinen zu einem erregten Gemurmel führte. Die Menge benötigte eine Weile, bis sie sich wieder gefangen hatte und auch der Kaufmannssohn seine führende
65 Rolle erneut übernehmen konnte. Nun sagte der zum Eremiten gewandt: „Alter, du wirst von vielen Menschen als Weiser gelobt und man huldigt dir. Wenn du wirklich, wie du die Leute glauben lässt, so klug und weise bist, dann sage mir doch, alter Mann, was ich in meinen Händen halte!" Danach griff er in seine Ledertasche, die er sich zunächst vor den Bauch gezogen hatte, und hielt dem Einsiedler seine fest verschlossenen Hände hin.

„Mein Sohn mit dem feurigen Blick. Weise, so könnt nur Ihr, so können nur andere mich nennen, denn die
70 Weisheit gehört sicherlich nicht fest zu meinem bescheidenen Hab und Gut. Ein alter Mann, wie Ihr mich nanntet, will ich gewiss sein", erwiderte der Eremit, woraufhin einige der Bürger höhnisch lächelten. Voller Zorn blickte der Jüngling in ihre grinsenden Gesichter. Der Alte fügte leise hinzu: „Um jedoch deiner Frage gerecht zu werden: Ein Spätzlein hältst du in deinen Händen." Ein Raunen ging durch die anwesende Menge und auch ihr Führer war so überrascht, dass er den Einsiedler offenen Mundes sprachlos anstarrte. „Aber mein Sohn mit
75 dem feurigen Blick, das ist doch nicht das Rätsel, welches dich den mühsamen Weg zu mir geführt hat", behauptete der Eremit sanft lächelnd.

„Du hast vollkommen Recht, alter Mann. Es war nicht allzu schwierig, das auszumachen, was ich in meinen Händen halte", erwiderte sein Widersacher, der seine Sprache nun zurückgewonnen hatte. „Es ist tatsächlich nicht meine wahre Frage. Sag' mir stattdessen, ob dieser Spatz, der sich hier in meinen Händen befindet, tot

---

[1] Feierlicher Umzug.

80 oder lebendig ist." Hierauf drehte er sich mit seinen verschlossenen Händen einmal rechts, einmal links zu den Gaffenden und lächelte höhnisch-frohlockend.

Es folgte ein empörtes Raunen, das durch die Gruppe ging und das von einem aufgeregten Tuscheln begleitet wurde. Rasch hatten die Bürger erkannt, in welcher ausweglosen Situation sich der Eremit befand. Es gab keine richtige Antwort auf diese Frage. Voller Entsetzen blickten sie zum Alten – der Jüngling grinste selbstgefällig
85 und begann abermals, heiter zu pfeifen.

„Sohn eines Kaufmanns", sprach der Alte ruhig, „das Schicksal über Leben und Tod liegt in deinen Händen. Denke daran, dass es ein göttliches ist! Aus diesem Grunde gehe äußerst behutsam damit um, denn selbst das kleine Geschöpf, dessen Herr du momentan bist, vernimmt Angst und Schmerz so wie ich, wie du, wie wir alle, die wir sterblich sind." Darauf drehte er sich um und schritt langsam zurück in das Innere seiner Höhle.

90 Der Kaufmannssohn jedoch wurde bleich, sank auf die Knie, öffnete die Hände und schenkte dem Vöglein die Freiheit. Glücklich erhob es sich hinauf in die Bergeslüfte und stimmte trillernd ein Lied der Freude an.

Aufgaben:

1. *Fassen Sie die Erzählung in Form einer strukturierten Textwiedergabe (Inhaltsangabe) zusammen.*

2. *Erläutern Sie die „ausweglose Situation, in der sich der Eremit" (Z. 83) befindet.*

3. *Erklären Sie, weswegen der Kaufmannssohn den Spatz freigibt.*

Willi Hagenguth: **Der Mörder**

Ich lebe in einem großen Haus, das sich inmitten eines riesigen Gartens befindet, dessen Grenzen ich bis zu diesem Tage noch nie überschritten habe. Ohne Aufsicht ließ mich mein Vater das Haus nicht verlassen – entweder begleiteten er oder meine stumme Amme mich. Ja, Sie haben richtig gehört! Sie war stumm. Oder zumindest sprach sie kein Wort mit mir. Alles, was sie mir verbot - und ihr Handeln bestand zumeist aus einer
5 Restriktion[1] -, teilte sie mir durch Gesten oder einem kräftigen Ziehen am Ohr mit. Anschließend wedelte sie mir mit ihrem dürren Zeigefinger vor der Nase herum. Nur selten schlug sie mich. Freunde waren mir unbekannt. Dass es noch andere Kinder gab, wusste ich lange Zeit nicht. Meine Welt bestand aus Erwachsenen und dabei im Wesentlichen aus meinem Vater sowie meiner stillen Bonne[2]. An meinem siebten Geburtstag änderte sich das.

10 Mein Vater trat morgens an mein Bett heran und behauptete mit einem zynischen Lächeln: „Du, nur du allein trägst die Schuld an ihrem Tod!" Dann verschwand er ohne eine weitere Erklärung und verschloss die Tür hinter sich. Mein Kindesverstand wusste nicht, was und wen er meinte. Er hatte zuvor nie etwas von *ihr* erzählt und sie stets verschwiegen, so dass mir meine Mutter verständlicherweise in jenem Moment unbekannt war. Und auch die Verwandten, die uns an einigen Tagen im Jahr besuchten, hatten nie von ihr gesprochen. Wie hätte
15 ich also begreifen sollen, worauf mein Vater hinaus wollte? Dass ein jeder dem Leib eines Weibes entspringt, wusste ich damals nicht.

Von diesem Tag an verschlimmerte sich mein ohnehin schon kümmerliches Leben. Besucher kamen nicht mehr - zumindest vernahm ich sie nicht -, und die meiste Zeit verbrachte ich eingeschlossen in meinem Zimmer. Auch Ausflüge in den Garten wurden mir fortan nicht mehr gestattet und die schweigsame Amme ver-
20 schwand, ohne sich von mir verabschiedet zu haben. Meine Spielsachen wurden entfernt. Lediglich zu den Mahlzeiten durfte ich das Zimmer verlassen. Dann saß ich allein in unserem Speisesaal an dem riesigen Mahagonitisch, auf dem die kärglichen Speisen für mich bereit standen. Ohne dass es mir jemand sagte, stand ich nach dem Essen auf und begab mich zurück in den ersten Stock, legte mich auf mein Bett und wartete darauf, dass meine Tür geschlossen und der Schlüssel von außen gedreht wurde. Meine Toilette verrichtete ich in der
25 kleinen, eigens dafür hergerichteten Kammer, die an meinen Raum grenzte und lediglich von diesem zu erreichen war. Meinen Vater sah ich ebenfalls seltener – einmal am Tag, meistens am frühen Abend, kam er herein und sagte stets lediglich einen einzigen Satz: „Du, nur du allein trägst die Schuld an ihrem Tod!"

Wie viele Wochen sich dieser endlose Verlauf wiederholte, vermag ich nicht zu sagen. Obgleich ich immer noch nicht begriff, wagte ich nicht zu fragen, für wessen Verlust er mich verantwortlich machte. Und obwohl er
30 mich tagtäglich mit demselben Vorwurf aufsuchte, schauderte ich jedes Mal aufs Neue und bekam die wohlbekannte Gänsehaut, sobald er mich anklagte. Binnen Kurzem fürchtete ich mich vor ihm dermaßen, dass ich bereits beim Mittagsmahl trotz Hungers nichts mehr zu mir nehmen konnte, musste ich doch an die bevorstehende Begegnung denken. Es folgten enorme Magenschmerzen und Krämpfe im Unterleib, die irgendwann nicht mehr aufhören wollten, sodass ich mich in meinem Bett qualvoll hin- und herwand. Ich war nicht mehr in
35 der Lage, zu den Mahlzeiten mein Zimmer zu verlassen, und mein dünner und schwacher Körper verlor rasch an Gewicht und Stärke. Ich fieberte und lag im Sterben. Wie und vor allem weswegen er mich ins Leben zurückholte, ist mir bis zum heutigen Tage ein Rätsel.

Irgendwann stellt er seine Besuche gänzlich ein. Also lebte ich von da an völlig isoliert. Häufig streifte ich nun nach dem Essen durch unser Haus, ohne dabei eine Menschenseele zu finden. Hinaus konnte ich nicht. Sämtli-
40 che Türen waren fest verschlossen und vor den Fenstern befanden sich schwere Eisengitter. Kein Wesen außer mir schien anwesend zu sein und doch standen die Speisen dreimal am Tage auf dem Tisch und meine Tür wur-

---

[1] Einschränkung.
[2] Erzieherin, Kindermädchen.

de im Wechsel zugesperrt oder geöffnet. Aber selbst wenn ich eiligst hinausstürmte, nachdem sie entriegelt worden war, stand dort niemand. Ich lebte, doch konnte ich dieses Dasein wirklich Leben nennen?

Oft saß ich stundenlang am Fenster und schaute hinab in den Garten, der seit Langem nicht mehr gepflegt wurde und sich in einen Dschungel verwandelt hatte. Die einstigen Beete waren durch Unkraut überwuchert, der früher sorgfältig kurz gehaltene englische Rasen stand mannshoch gen Himmel und einige Tannen des kleinen Hains, der das Grundstück umschloss, waren den jährlichen Herbststürmen zum Opfer gefallen und hatten andere mit in ihr Schicksal gezogen. Die gestürzten Bäume lagen im Gras und Moos überzog sie bereits. Ein Blick in den Spiegel zeigte mir ein ähnliches Bild wie das, welches sich mir draußen bot. Von daher war es nicht verwunderlich, dass die Kinder schreiend davonliefen, als sie mich am Fenster stehen sahen.

Der Winter war erneut gekommen und dicke, weiße Schneeflocken ließen mich nur wenige Dutzend Meter hinaus in den Garten blicken. Geduldig beobachtete ich träumend den Lufttanz und wünschte mir sehnlichst, mich wie sie einem Schwarm von Schmetterlingen gleich auf dem Boden niederzulassen. Während der Niederschlag aufhörte, drangen durch einen Schleier Stimmen zu mir – fremde Stimmen, die jedoch nicht aus dem Haus zu kommen schienen. Erschrocken schaute ich um, doch konnte ich die Quelle des vernommenen Lärms nicht ausmachen. Wahrscheinlich hatte ich mir alles nur eingebildet, entsprangen die Laute meiner Phantasie, die schließlich anfing, durch die schrecklichen Zustände zu erkranken. Nein, jetzt hörte ich sie ganz deutlich! Rufe! Dann sah ich sie: zwei kleine Menschen, welche in dicke, feste Kleidung gehüllt waren und die Jacken, Stiefel, Handschuhe, Schals und Mützen trugen. Kinder! Zweifel erwachten wiederum in mir. Waren sie nicht doch ein Trugbild? Aber sie liefen durch unseren Garten, hinterließen tiefe Abdrücke auf dem Rasen und bewarfen sich mit Schneebällen. Einige Minuten lang verfolgte ich ihr Spiel. Plötzlich entdeckte mich eines der beiden hinter dem Fenster und rief heiser zu seinem Kameraden, während es mit ausgestrecktem Arm auf mich deutete. Die zwei standen da und starrten mich offenen Mundes an. Als ich meine Hand hob und ihnen zuwinkte, nahmen sie lauthals Reißaus.

Ich wollte sterben. Ich war ein Monster und kein Mensch mehr. Mein Anblick ängstigte andere – er war mir ja selbst zuwider. Ich war seit Ewigkeiten allein in diesem verhassten Haus und die Einsamkeit drückte schwer auf mein Gemüt. Und schuld daran war nur mein Vater, der mich für den Tod irgendeiner unbekannten Person verantwortlich machte.

Als ich Nahrung und Wasser verweigerte und nach einigen Tagen abermals in ein Delirium fiel, holte er mich erneut mit Ausdauer zurück ins Leben. Doch nur um nach meiner Genesung wie erstmals an meinem siebten Geburtstag ins Zimmer zu treten und mir vorzuwerfen: „Du, nur du allein trägst die Schuld an ihrem Tod!" Aber die Angst vor ihm war einem gewaltigen Zorn gewichen. Die lange Zeit der Isolation hatte in mir eine Wut entfacht, deren Quelle in meinen Augen ganz zweifelsfrei er war. Ich brüllte ihn an: „Wen, Vater! Wen soll ich umgebracht haben?" – „So weißt du es denn wirklich nicht?" Als ich mit den Schultern zuckte, fuhr er fort: „Du, nur du allein trägst die Schuld am Tod deiner Mutter!" Meine Mutter also. Was für ein Unsinn. Diese mir vollkommen fremde Frau. „Vater, das ist doch lächerlich. Du weißt, dass ich meine Mutter nie gekannt habe. Bis heute bin ich mir nicht einmal sicher, ob ich überhaupt jemals eine Mutter hatte." Hierauf schlug er mir mit der flachen Hand ins Gesicht. Entsetzt stierte ich ihn an. „Sie schenkte dir Taugenichts dein wertloses Leben. Du nahmst ihr dafür das ihre. Mörder!" Danach schritt er eilig mit schweren Schritten hinaus und knallte die Tür hinter sich zu.

Er wollte mich für etwas verantwortlich machen, das ich unmöglich getan haben konnte. Nach einigem Überlegen meinte ich, den Grund für sein absurdes Handeln gefunden zu haben: Er war geisteskrank! Was jedoch sollte ich tun? Mit einem Wahnsinnigen war eine vernünftige Diskussion aussichtslos. Hinzu kam, dass er gewalttätig war. Sein Schlag hatte mir anscheinend die Nase gebrochen. Nicht nur, dass sie beachtlich schmerzte, sie war ferner stark angeschwollen und schief. Der Entschluss, ihn zu töten, war naheliegend und von daher rasch gefasst. Die Art und Weise hingegen war schwieriger zu finden.

Am folgenden Tag wartete ich nach dem Mittagsmahl in meinem Zimmer darauf, dass mein Vater seine übliche Anklage gegen mich äußerte. Beharrlich hatte ich die Tat in meinem Geiste durchgespielt. Ich wollte ihm, sobald er mir den Rücken zukehrte, das Messer, das ich aus der Küche entwendet hatte, in den Rücken stoßen.

90 Vollkommen ruhig lauerte ich auf mein ahnungsloses Opfer. Heute sollte mir die Gelegenheit gegeben werden, mich für die Jahre der Gefangenschaft, der Unterdrückung, der Lieblosigkeit, des Unmenschlichen zu rächen – ich wusste, dass ich sie nutzen würde.

Und tatsächlich. Am späten Nachmittag öffnete sich so wie zu vergangener Gewohnheit meine Zimmertür. Breitbeinig stand er vor mir. Ihm war nicht klar, dass er in wenigen Momenten, so hoffte ich, tot sein sollte.

95 „Du, nur du allein trägst die Schuld an ihrem Tod!", wiederholte er den stets gleichen Satz. Er drehte sich um. Ich sprang auf ihn zu, das Messer mit beiden Händen hoch über meinem Haupte festhaltend. Und wie in Schillers Ballade[1] gelang es mir nicht, die Stadt vom Tyrannen zu befreien. Er wehrte den Angriff ab und entriss mir die Waffe. Seine Augen funkelten hasserfüllt. Ich saß auf dem Boden und blickte voller Furcht zu ihm hinauf. Dann allerdings lächelte er. Mein Vater lächelte mich an, das erste Mal seit vielen Jahren. Er lächelte freundlich

100 und bot mir die Hand. Als ich sie ihm reichte, obgleich ich eine Falle vermutete, zog er mich hoch, umarmte mich, streichelte mir anschließend mehrfach über mein Haar und verließ schließlich wortlos den Raum, ohne jedoch die Tür zu schließen. Diese blieb weit geöffnet.

Die Sonne war bereits untergegangen und ich verharrte noch immer still auf meinem Bett, wartete auf seine Rückkehr, auf das Schließen der Tür, auf irgendetwas. Aber nichts geschah.

105 Es dämmerte, als ich aufwachte. Nichts war passiert, die Tür stand weiterhin offen. Als es Zeit war, zum Frühstück hinunterzugehen, stieg ich die Treppe zum Erdgeschoss hinab. Doch der Tisch war ungedeckt. Stattdessen stand die schwere, eichene Eingangstür weit auf und bewegte sich leicht im Takt des Windes, der sich von draußen kraftvoll seinen Weg ins Anwesen suchte und Schnee in die Vorhalle blies. Eine Fußspur führte vom Hause weg. Mein Vater hatte demnach das Anwesen verlassen, ohne zurückzukehren. Ich schloss die Ein-

110 gangstür und spazierte langsam und guter Dinge in die Küche. Das Messer befand sich wieder an seinem gewohnten Platz. Ich nahm es heraus und schnitt mir einige Wurststücke und zwei Brotscheiben zurecht, die ich später voller Genuss und ohne jegliche Schuldgefühle in meinem Bett liegend verspeiste.

Aufgaben:

1. Fassen Sie die Erzählung in Form einer strukturierten Textwiedergabe (Inhaltsangabe) zusammen.

2. Erklären Sie, welche Schuld der Vater seinem Sohn zuschreibt.

3. Erläutern Sie, weswegen der Vater lächelt, als sein Sohn ihn umbringen will (Z. 99), und warum er am Schluss geht und diesen freilässt.

---

[1] Gemeint ist Friedrich Schillers Ballade „Die Bürgschaft", in der Damon die Stadt Syrakus vom Tyrannen Dionys zu befreien versucht.

Jens Trippler: **Der Anzug**

Seine Mutter hatte nur drei Jahre die Dorfschule besuchen können, denn dann brauchte sie der Vater vollends auf dem Hof. Vieles über die Welt der Wissenschaft war ihr also verborgen geblieben. Einfache Briefe aber vermochte sie zu formulieren, sodass sie die wenige Korrespondenz ihrer Eltern damit bewältigte. Die Grundrechenarten beherrschte sie ebenfalls, und sie wusste, wann es Zeit zur Aussaat, zum Düngen und zur Ernte war.
5 Auch erkannte sie einen Tag im Voraus den Zeitpunkt des Kalbens. Und falls der Tierarzt zur Hilfe geholt werden musste, weil es Komplikationen gab, hatte sie ihn bereits verständigt. Das Wichtigste jedoch, das sie das Leben lehrte, war die Erkenntnis, dass Kleider Leute machten. Eigentlich war es ihr Vater gewesen, der ihr diese Weisheit vermittelt hatte. Stets, wenn sie ihn zum Markt begleiten durfte, um das Wenige, das der Hof abwarf, mit möglichst großem Gewinn zu verkaufen, wies er sie an, sich die Haare zu kämmen, ihr Gesicht zu waschen
10 und vor allem sich ihr bestes Kleid anzuziehen. „Der Mensch kauft lieber von dem, der hübsch anzusehen ist", pflegte er ihr zu erklären und fügte abschließend hinzu: „Kleider machen Leute! Um das zu wissen, brauchst du keine Schule." Dann trat er mit ihr vor die Tür in seinem einzigen Anzug. Den hatte er nur zur Kirche an, die er, so wie es seine Zeit erlaubte, meistens an zwei Sonntagen im Monat besuchte. Bevor sie sich auf den langen Fußweg in die Stadt machten, musterte er sie ausgiebig und lächelte ihr schließlich zu. Ja, heute würden sie
15 einen ganzen Sack voller Geld der Mutter heimbringen. Hierauf warf er sich seinen Beutel über die rechte Schulter und nahm ihre kleine Hand in seine linke. Zurück trug er sie meistens, weil sie zu erschöpft war.

Ihr ganzer Stolz war Ottmar. Nachdem der elterliche Hof verloren gegangen war und ihr Mann sie und den Kleinen daraufhin von einem auf den anderen Tag, ohne ein Wort zu sagen, verlassen hatte, bildete ihr Sohn nun den absoluten Mittelpunkt ihres schlichten Lebens. Nicht viel konnten sie sich vom Verdienst der Mutter
20 leisten, aber sie kamen über die Runden. Unter dem Wenigen, das sie aus dem bescheidenen Vermächtnis ihrer Eltern hatte retten können, befand sich das alte Klavier der Großmutter. Obgleich es ziemlich verstimmt war und sie nur noch einige einfache Stücke spielen konnte, war das mütterliche Spiel Anreiz genug für Ottmar, ihr nachzueifern. Mit ekstatischer[1] Begeisterung klimperte der Junge auf den Tasten und beherrschte nach kurzer Zeit alle Lieder, die er bei ihr gehört hatte. Ottmar schien Talent zu besitzen, so urteilte seine laienhafte Mutter
25 richtig und stellte ihn dem Organisten der Dorfkirche vor, der die Annahme bestätigte und zu Klavierstunden in der Stadt riet. Vom Ersparten wurden die ersten zehn Stunden bezahlt und Ottmars Mutter hoffte, dass jene bei derartiger Begabung ausreichen würden. Doch Ottmar erwies sich als geistig träge. Verzweifelt und vergeblich hatte seine geduldige Lehrerin versucht, ihn in die geheimnisvolle Welt der Musiktheorie, angefangen beim einfachen Notenlesen, einzuführen. Zwar bescheinigte auch sie Ottmar Talent, trotzdem würde er seine Anlage
30 ihres Erachtens ohne ein fundiertes Wissen von der Komplexität der Musik nie völlig und professionell ausnutzen können. Aber schließlich ging es der Mutter gleichwohl darum - und auch das hatte die Klavierlehrerin schnell erkannt - aus Ottmars Gabe Gewinn zu ziehen. Also verzichtete die kleine Familie ab sofort auf jegliche Art von Maßlosigkeit, um den Unterricht zu finanzieren.

Obgleich Ottmar Begriffe wie ‚andante'[2] und ‚allegro'[3] weiterhin nicht voneinander unterscheiden konnte, für
35 ihn eine Viertel- noch immer wie eine Achtelnote aussah, machte sein Spiel rasante Fortschritte. Trotz seiner Defizite im theoretischen Bereich beherrschte er schon bald schwierigere Stücke und seine Lehrerin zeigte sich höchst zufrieden. Im Geheimen war sie verzaubert von ihrem Schüler. Noch nie zuvor hatte sie einen Jungen mit einer solchen Gabe unterrichten dürfen. Jedes Lied, das sie ihm zeigte, beherrschte er nach kürzester Zeit, manchmal sogar besser als sie selbst. „Er sollte unbedingt bei unserem jährlichen Weihnachtskonzert spielen",
40 sagte sie zu Ottmars Mutter. Dem skeptischen Blick fügte sie rasch und überzeugend hinzu, dass Ottmar zweifelsohne bereits so weit wäre. Nur allzu gern willigte seine Mutter daraufhin ein.

---

[1] In Ekstase, d.h. außer sich sein / sich im Rausch befinden.
[2] Ruhig, mäßig langsam.
[3] Lebhaft, schnell.

Am Abend vor dem Konzert rief Ottmars Mutter ihren Sohn vom Klavier, das in der kleinen Wohnstube stand und an dem er fleißig übte, zu sich ins Schlafzimmer. Sie befahl ihm, die Augen zu schließen, weil sie eine Überraschung für ihn hätte. „Ich möchte, dass du den hier morgen bei deinem Konzert trägst." Sie hielt ihm einen dunkelblauen Anzug hin, der zusammen mit einem weißen Hemd und der dazugehörenden schwarzen Fliege auf einem Bügel hing. Ottmars Begeisterung hielt sich deutlich in Grenzen, wenngleich ihm bewusst war, dass seine Mutter für all das wohl den letzten Rest des Ersparten ausgegeben hatte. „Ottmar, der Mensch hört nicht nur, er schaut auch und er sieht sich lieber etwas Hübsches an. Kleider machen Leute, merk dir das! Du wirst morgen nicht nur durch dein Spielen Eindruck schinden."

Seine Mutter sollte recht behalten. Und obwohl Ottmar nur einer unter vielen Schülern bei jenem Weihnachtskonzert war, verzauberte seine Auslegung von „Es ist ein Ros entsprungen"[1] das Publikum derart, dass sein Gewinn neben vielen Tränen und stehenden Ovationen[2] ebenfalls die Geschäftskarte des Herrn Stolle, eines Klavierlehrers aus der Hauptstadt, war. Der hatte Ottmars Begabung nach den ersten Takten erkannt und bot dessen Mutter an, ihren Sohn kostenlos zu unterrichten. Aufgrund der großen Entfernung sollte Ottmar während der Woche im dortigen Musikinternat wohnen; auch dafür wollte Herr Stolle aufkommen.

Am Tag von Ottmars Abreise legte ihm seine Mutter den gewaschenen und frisch gebügelten Anzug aufs Bett. „Ich möchte, dass du heute deinen Anzug trägst. Du weißt ja, dass Kleider Leute machen. Es ist der erste Eindruck, der zählt." Und so hatte Ottmar seinen Anzug an, als er wenig später im Abteil saß. Der Fahrschein, den Herr Stolle ihnen per Express zugeschickt hatte, steckte in der Innentasche seines Jacketts. Es war das erste Mal, dass er Zug fuhr und für mehr als einen Tag von seiner Mutter getrennt sein würde. Deshalb betrachtete er traurig die Landschaft, die an ihm vorbeizog, und merkte, wie mit jedem Meter, den er sich von zu Hause entfernte, sein Heimweh wuchs. Es fiel ihm nicht schwer zu verstehen, wieso er nicht länger bei seiner alten Klavierlehrerin Unterricht nehmen konnte. Aber betrübt war er dennoch. Nur seiner Mutter zuliebe hatte er leise zugestimmt; und nur für sie trug er diesen Anzug, der an den Schultern zu eng und dessen Hose zu kurz war. Er wollte sorgfältig darauf achten, seinen Anzug nicht schmutzig werden zu lassen und ihn ihr so sauber, wie er jetzt war, bei seiner Rückkehr in knapp einer Woche vorführen.

Auf seine neuen Zimmergenossen machte der Anzug nicht den gewünschten Eindruck. Nachdem Herr Stolle, der Ottmar vorgestellt hatte, aus dem Raum gegangen war, den Ottmar sich mit drei anderen Jungen seines Alters teilen sollte, fingen die lauthals an zu lachen. „Wer hat dir denn den ausgesucht? Ist das der letzte Schrei auf dem Land?", prusteten sie los. Als Ottmar heulend auf den Flur hinauslief, schrien sie ihm hinterher, er wäre ein Kleinkind und Waschlappen. Das laute, drohende Schimpfen von Herrn Stolle ließ sie schließlich schweigen, doch änderte dies nichts an Ottmars Status: Er galt nunmehr als Landei, mimosenhaft und nicht gesellschaftsfähig. Sein naives Auftreten und die Begriffsstutzigkeit im Unterricht verstärkten lediglich die Ansicht seiner Klassenkameraden. Selbst als sie Ottmar das erste Mal spielen hörten, behielten sie ihre Meinung bei. Sie fanden seine Interpretationen plump, geistlos und unmodern. Hörbar tuschelten sie hinter seinem Rücken und machten sich über ihn lustig, wo immer sie es ohne die Gefahr von Strafe konnten.

Dicke Tränen vergoss Ottmar, als er seine Mutter am Ende der Woche wieder in den Arm nehmen durfte. Aber noch stärker weinte er an jedem Sonntagnachmittag der folgenden Jahre, wenn er zurück in die Hauptstadt fahren musste. Und jedes Mal trug er einen Anzug. Nie hätte Ottmar es gewagt, sich dem Wunsch seiner Mutter zu widersetzen. Und so blieb er das Gespött seiner Mitschüler. Besonders da seine Mutter ihm stets neue Anzüge schenkte, sobald er aus einem herausgewachsen war. Und stets sahen die Anzüge gleich aus, waren lediglich eine etwas größere Kopie ihres Vorgängers.

Mit Genugtuung fühlte sich indessen Herr Stolle bestätigt. Er hatte sich nicht in Ottmar geirrt, der rasch Fortschritte machte. Im Bereich der Theorie war dieser noch immer schwach, würde es wahrscheinlich sein ganzes

---

[1] Zweistrophiges, kirchliches Weihnachtslied aus dem 16. Jahrhundert.
[2] Huldigung, Beifall.

85 Leben lang bleiben, aber der Junge besaß offensichtlich das perfekte Gehör. Eine Gabe, so selten und von unschätzbarem Wert, dass alles andere unwichtig wurde, so meinten ebenfalls seine Lehrer. Dass die anderen Ottmar hänselten, verspotteten, über ihn lachten und Witze machten, ihn demütigten, beschimpften, beleidigten, seinen Nachtisch aßen, er völig allein ohne Freunde unter lauter Feinden und deswegen todunglücklich war – all dies entging auch seinen Mentoren nicht, gehörte aber ihrer Ansicht nach zum Dasein eines Genies,

90 das vom normalen Menschen nicht verstanden, deshalb gefürchtet und gepeinigt wurde. „Ottmar, was dich nicht umbringt, macht dich nur stärker", versprach Herr Stolle, als der Junge abermals weinend und seinen Kummer klagend zu seinem Erzieher gerannt war. „Sie haben Angst vor dir, weil du anders bist. Und da sie ihre Angst verbergen wollen, versuchen sie dich zu schikanieren. Die Zeit wird kommen, Ottmar, dass *du* sie auslachen wirst, weil sie in der Gosse versunken sind, aber du zum Stern geworden bist. Vertrau mir!" Was hätte

95 Ottmar auch sonst tun können?

Inzwischen hatten Herr Stolle und seine Mutter einen schriftlichen Vertrag aufgesetzt, in dem Ersterer sich verpflichtete, für die komplette Ausbildung Ottmars finanziell aufzukommen. Letztere müsste im Gegenzug das gesamte Geld zurückzahlen, sollte Ottmar die Schule abbrechen. Die Mutter erinnerte Ottmar jedes Wochenende daran. Ferner wies sie ihn darauf hin, dass dies ihr beider Ruin bedeutete, er dann ins Heim gehen müsste

100 und sie im Zuchthaus oder im Bordell enden würde.

Bald zeigte sich, dass Herr Stolles Vorhersage stimmte. Das Opernhaus der Hauptstadt hatte zum jährlichen Konzert aller Nachwuchspianisten des Landes aufgerufen. Der Gewinner wurde von einem internationalen Kuratorium[1] gewählt und erhielt als Preis ein Stipendium für das spätere Studium an einer renommierten[2] Hochschule für Musik. Von seiner Schule wurden nur Ottmar und ein Klassenkamerad eingeladen. Den zwei

105 Jungen war bewusst, wie viel vom Ergebnis des Wettbewerbs abhing. Auch sein unmittelbarer Rivale stammte aus bescheidenen Verhältnissen und war gleichermaßen abhängig von der Gunst und Hilfe Stolles. Eine Woche vor der Veranstaltung rief dieser die Jungen zu sich. „Es ist mir völlig einerlei, wer von euch beiden gewinnt. Wichtig ist allein, dass ihr den Sieg erlangt. Für den Ruf dieser Schule ist der Triumph von immenser Bedeutung und er entscheidet zudem darüber, ob Knaben wie ihr auch zukünftig von mir unterstützt werden können. Ich

110 hoffe, ihr seid euch darüber im Klaren, was das heißt!" Ottmar wusste nicht wirklich, was Herr Stolle meinte, aber im Innern ahnte er die Botschaft der Worte und kannte die Wichtigkeit des ersten Platzes für seine Zukunft und die der Mutter. Er übte wie ein Besessener. Nachts, wenn er vor Aufregung nicht schlafen konnte, schlich er sich an einen der Flügel in den Übungssälen und spielte immer und immer wieder das Stück, das Herr Stolle für ihn ausgesucht hatte. Er probte die verschiedensten Interpretationen und fand doch keine, die er als

115 gut genug akzeptierte, um gewinnen zu können.

Einen Tag vor dem Konzert übermannte ihn die Panik und er hatte einen Nervenzusammenbruch. Der herbeigerufene Arzt verordnete absolute Ruhe und eine erzwungene Bettlägerigkeit. Also sah Herr Stolle nur eine Möglichkeit, das bevorstehende Desaster abzuwenden.

Seine Mutter, die Herr Stolle eigens zum Konzert eingeladen hatte, brachte einen frischen Anzug mit. Allein

120 ihre Anwesenheit sorgte in Ottmars junger Brust rasch für den erhofften Seelenfrieden, sodass der verloren gegangene Glauben an die eigenen Fähigkeiten bald zurückkehrte.

Ottmar spielte und gewann das Stipendium. Nach der Siegerehrung gingen die drei in ein nobles Restaurant und feierten Ottmars Gewinn. „Ottmar", sagte seine Mutter nach dem Essen, als Herr Stolle sich kurz entschuldigt hatte, „ich bin richtig stolz auf dich! Dein Lied war wirklich wundervoll. Und wie gut du ausgeschaut hast in

125 deinem neuen Anzug. Er ist bestimmt entscheidend gewesen. Deine Gegner waren nämlich auch sehr gut, aber keiner trug einen so vornehmen Anzug wie du. Und du weißt ja: Kleider machen Leute." Das wusste Ottmar tatsächlich. Wie sehr hatte er schließlich die letzten Monate darunter leiden müssen. Doch dies wollte er zu-

---

[1] Aufsichtsbehörde.
[2] Angesehen, namhaft.

künftig ändern. Den Anzug würde er nicht mehr tragen – seine Mutter musste ja nichts davon erfahren, weil sie am folgenden Morgen wieder abreiste.

130 Aber da irrte Ottmar. Zu seiner Überraschung blieb seine Mutter auf Bitte und durch die Großzügigkeit von Herrn Stolle die gesamte nächste Woche in der Hauptstadt. Ottmar bekam zwei Tage frei. Er zeigte ihr das Internat und trug dabei seinen neuen Anzug. Schrieb er es zunächst der Anwesenheit seiner Mutter zu, so bemerkte er auch, als sie abgereist war, dass seine Schulkameraden ihn mit einem bis dahin unbekannten Respekt behandelten.

135 Kein einziger Schüler des Internats hatte seit über einem Jahrzehnt das Stipendium mehr gewonnen. Von nun an mussten sie Ottmars Genialität anerkennen und taten dies mit einer stillen Hochachtung. Jegliche Form der Bosheit und des Spotts waren mit einem Mal verschwunden. Zwar blieb Ottmar auch weiterhin der Außenseiter, der er seit seiner Ankunft im Internat gewesen war, doch schmerzte dieser Zustand fortan nicht mehr. Der neue Umgang der Klassenkameraden mit ihm wirkte gleichfalls so ermutigend auf sein Spiel, dass er binnen
140 weniger Monate zu einem gefeierten Jungpianisten des Reiches avancierte. Etwa ein halbes Dutzend Konzerte gab er am Ende des Jahres, immer arrangiert von Herrn Stolle und im Anzug vorgetragen.

Mit der Zeit wurde sein Spiel dermaßen gefragt, dass Herr Stolle eine Tournee durch das gesamte Land plante. Neben Herrn Stolle sollte auch Ottmars Mutter ihn die erste Woche begleiten. Sein erstes Gastspiel hielt er in der ausverkauften Oper der Hauptstadt; dort, wo sein aufkeimender Ruhm seinen Ursprung hatte. Die Kritiken waren überwältigend. Und als Ottmar nach fast vier Monaten das letzte Konzert gegeben und all seine
145 Auftritte erfolgreich beendet hatte, besaß das Reich ein neues Wunderkind.

Seine Mutter war außerordentlich stolz auf Ottmar und umarmte ihn kräftig, als sie ihn das nächste Mal besuchte. Am Tag vor ihrer Heimreise nahm sie den Sohn an die Hand und ging mit ihm zu einem renommierten Schneider, wo sie vom Honorar, das Herr Stolle ihr gegeben hatte, für ihren Jungen einen eleganten Anzug
150 handfertigen ließ. „Ich möchte, dass du deinen edlen Anzug bei jedem deiner zukünftigen Konzerte trägst. Kleider machen Leute und wenn du weiterhin Erfolg haben möchtest, musst du darauf achten, dass die Menschen dich nicht nur hören, sondern auch sehen wollen." Dann stieg sie ein und winkte ihm aus ihrem Abteil zu, bis Ottmar nicht mehr schnell genug laufen konnte. Laut prustend blieb er letztlich mit Tränen in den Augen am Ende des Bahnsteigs stehen und blickte unglücklich dem Zug hinterher, der sich eilig entfernte.

155 Ottmar perfektionierte sein Spiel in kürzester Zeit und wurde zum Virtuosen[1]. Nach der ersten beeindruckenden Tournee durchs Reich folgte eine zweite, längere, noch erfolgreichere. Hierauf reisten Ottmar und Herr Stolle durch mehrere europäische Staaten. Überall, wo er auftrat, lag ihm sein Publikum zu Füßen, war hingerissen und überwältigt. Schon bald eröffnete ihm sein Mentor, dass er für ihn ein Engagement in New York angenommen hatte. Nach vier Konzerten in der berühmten „Met"[2] interessierten sich rasch zwei weitere Häu-
160 ser an der Ostküste für Ottmar. Auch die Amerikaner konnten sich seinem jugendlichen Charme nicht entziehen. Zudem hatte er stets die Worte seiner Mutter im Gedächtnis. Also spielte er sich in dem Anzug, den sie ihm hatte anfertigen lassen, in die Herzen der westlichen Welt.

Ottmar verbrachte seinen 14. Geburtstag allein im Bostoner Ritz Carlton[3]. Während Herr Stolle an der Hotelbar den neuesten Triumph feierte, weinte Ottmar sich in den Schlaf und dachte an seine Mutter, mit der er am
165 Morgen kurz telefoniert hatte. „Und trag immer schön deinen neuen Anzug", sagte sie zum Schluss. „Weißt du, Ottmar, selbst in Amerika machen Kleider Leute."

Wie durch eine Wolke drangen die Worte des eilig herbeigerufenen Arztes zu ihm und blieben schemenhaft. So verstand Ottmar auch nicht im Geringsten die wirkliche Bedeutsamkeit für sein zukünftiges Leben. „He

---

[1] Meister seiner Kunst.
[2] Die Metropolitan Opera ist eine Theater-Gesellschaft in New York City. Sie wird umgangssprachlich als „Met" bezeichnet und zählt zu den weltweit führenden Opernhäusern.
[3] Name einer angesehenen amerik. Hotelkette.

needs sleep and has to rest! Ottmar is only 14 and still growing. All these concerts are too much of a strain on
him. I think you must give'm a break, Mr Stolle." – „After the next concert maybe. I need the boy to be reco-
vered by tonight! No matter what you have to do, do it now and do it fast!"[1] Der Tausend-Dollar-Schein[2], den
der Arzt gespielt widerwillig annahm, führte dazu, dass Ottmar am Morgen nach seinem Geburtstag zum ersten
Mal ein starkes Aufputschmittel bekam. Abends spielte er wie in Trance sein Publikum in Ekstase. Der Erfolg in
Boston war so fabelhaft, dass Herr Stolle noch vor der Abreise nach Philadelphia, wo eigentlich Ottmars letzter
Auftritt vor der Heimreise hatte stattfinden sollen, eine Tournee innerhalb der folgenden zwei Monate durch
über 20 weitere amerikanische Städte vereinbaren konnte.

Seinen dritten Zusammenbruch erlitt er in Chicago. Zunächst weigerte sich der konsultierte Arzt, Ottmar das
probate[3] Mittel zu verabreichen. Neben den plausiblen Argumenten, die Herr Stolle anführte, überzeugte den
Mediziner schließlich vor allem die hohe Summe an Bargeld davon, dass das Präparat für einen Jugendlichen
nicht so gefährlich wäre, wie er es zunächst behauptet hatte. Ferner überließ er Herrn Stolle freundlicherweise
für den Fall erneuter Schwierigkeiten mehrere Dosen der wirkungsvollen Substanz. Dieses Geschäft erwies sich
als äußerst hilfreich, denn dadurch musste Herr Stolle in den nächsten Wochen keinen zusätzlichen Teil von
Ottmars Gage für das nötige Heilmittel opfern. Auch konnte er so eigenhändig die Dosis erhöhen, um Ottmars
einsetzenden Wahnvorstellungen und die immer drastischer werdende Schlaflosigkeit des Jungen einzudäm-
men. Der Ausfall eines der vereinbarten Konzerte musste unbedingt vermieden werden. Aber Gott sei Dank
war Ottmars Spiel nach wie vor vollendet und meisterhaft. Schon redete man über eine Verlängerung der
Tournee. Dann würde er aber zweifelsohne mehr Medizin benötigen, denn ein Großteil davon war bereits auf-
gebraucht. Das Gute an Amerika war gleichwohl, dass man leichter und günstiger als in Deutschland mit Geld
alles kaufen konnte.

Sogar die New York Times widmete sich Ottmars Tod mit einem kurzen Bericht auf Seite 3: „Young German
Pianist Dies of Heart Attack"[4]. Nach ersten, schnell zusammengetragenen Erkenntnissen litt Ottmar seit seiner
Geburt an einem Herzleiden, von dem aber niemand gewusst hatte. Er war nach seinem letzten Konzert hinter
der Bühne kollabiert und konnte trotz sofortiger Maßnahmen nicht wiederbelebt werden. Dem herbeigeeilten
Arzt blieb nur noch, den Verlust zu bestätigen. Mittlerweile befanden sich sein Freund und Begleiter, Herr Stol-
le, und Ottmars Leichnam auf dem Rückweg nach Deutschland, wo der Junge beigesetzt werden sollte.

„Das Reich trauert zutiefst um den Verlust eines seiner größten Talente der klassischen Klaviermusik", schrieb
eine Zeitung der Hauptstadt am Tag seiner Beerdigung. Einige Hundert Menschen erwiesen Ottmar die letzte
Ehre. Sie zogen langsam und schweigend am offenen Sarg entlang, während sie traurig auf ihr Wunderkind
blickten. Das lag dort nun still und friedlich im eigens für diesen Anlass angefertigten Anzug.

Aufgaben:

1. *Fassen Sie die Erzählung in Form einer strukturierten Textwiedergabe (Inhaltsangabe) zusammen.*

2. *Erörtern Sie, wer die Schuld an Ottmars frühen Tod trägt.*

3. *Erörtern Sie, ob Kleider tatsächlich „Leute machen".*

---

[1] „Er braucht Schlaf und muss sich ausruhen. Ottmar ist erst 14 und noch im Wachstum. Die ganzen Konzerte erschöpfen ihn zu sehr. Ich
glaube, Sie sollten ihm eine Pause gönnen, Herr Stolle." – „Nach dem nächsten Konzert vielleicht. Der Junge muss sich bis heute Abend
erholt haben! Ganz gleich, was Sie tun müssen, tun Sie es jetzt und tun Sie es schnell!"
[2] Der Tausend-Dollar-Schein wurde 1945 letztmalig gedruckt, 1969 zurückgezogen, ist aber immer noch legales Zahlungsmittel.
[3] Bewährt, wirksam.
[4] „Junger deutscher Pianist stirbt an Herzinfarkt."

Hans Henning Beese: **Der Stotterer**

Seine Beine baumeln lassend, in den eben gepflückten, glänzenden Apfel beißend, saß der schmächtige Junge auf der alten Kirchenmauer, die an vielen Stellen bereits eingefallen war und somit ungewollten Zugang zum Vorhof des heiligen, zypressenbewachsenen Ortes bot. Mit zusammengekniffenen Augen blickte er zögernd in die grelle, tiefstehende Spätsommersonne. Die kühle Brise, die den schmalen Weg, der vom Hafen her mäan-
5 drisch[1] ins Städtchen führte, und den kargen, felsigen Hang hinauf vom Meer zu ihm genommen hatte, wirkte äußerst erfrischend und angenehm. Von Zeit zu Zeit musste er seine Körperhaltung ein wenig ändern und seinen Sitz erneut ausbalancieren, während er genussvoll kauend zum Marktplatz hinüberschaute und einigen älteren Bewohnern zusah, die im Schatten der Bäume Boccia[2] spielten.

Der Junge war im zarten Knabenalter. Und lediglich seine Magerkeit machte ihn auf den ersten Blick anders.
10 Aber sein hagerer Körper war keineswegs der Grund dafür, dass er keine Freunde besaß. Ebenso wenig bewirkte sein ruhiges, in sich gekehrtes Naturell letztere Gegebenheit. Es musste vielmehr sein Stottern als Ursache für diese Armseligkeit anerkannt werden.

Das Stottern war wirklich unbestreitbar schrecklich. Er konnte kaum ein Wort einwandfrei artikulieren. Die wenigen Sätze, die er seiner Umwelt zu vermitteln versuchte, vermochte diese nur durch genaues, mühevolles
15 Zuhören und mit Hilfe eines perfekten Zusammenspiels von Phantasie und Verstand korrekt zu erfassen.

Nicht immer hatte er diesen Sprachfehler sein Eigen nennen müssen, dieses Ungetüm, das seinen Mitmenschen so viel Geduld und Mühsal abverlangte. Niemand außer dem Betroffenen und seinem Missetäter kannte die unbeherrschte Tat der Hand des Vaters, die in Unachtsamkeit deutlich zu grob den Hinterkopf des Jünglings vor einigen Jahren schwungvoll getroffen hatte. Allein die Fürsorge seiner Eltern hatte ihn zu so manchem Arzt
20 geführt. Aber selbst die berühmtesten Experten auf dem Gebiet waren erfolglos zu Rate gezogen und um Hilfe gebeten worden, einem tapferen Ritter ähnelnd mit gleicher Kühnheit gegen Windmühlen ausgezogen[3]. Keiner der so zahlreich konsultierten[4] Sprachheilkundigen vermochte es, den Knaben zu heilen.

Mit seinen Eltern wusste er sich zu verständigen mittels der Gebärdensprache, die er während seiner vielen und oftmals auch längeren Aufenthalte in den diversen Sanatorien[5] und Kliniken ohne größere Schwierigkeiten
25 erlernt und die er jene rastlos gelehrt hatte. In der Schule verspürte das Lehrerkollegium Mitleid, sodass er nie aufgefordert wurde, einer im Unterricht gestellten Frage Rede und Antwort zu stehen - seine schriftlichen Leistungen reichten stets aus, um das Klassenziel zu erreichen.

Obgleich in der Vergangenheit seinem Sprechzentrum ein bis zu jenem Tage nicht wiederherstellbarer Schaden zugefügt worden war, hatte das besagte Glück im Unglück dafür gesorgt, dass andere zerebrale Regionen[6]
30 in keiner Weise Defekte erfahren hatten. Seine missgestaltete Sprache bedeutete nicht, dass sein Geist ebenso verkümmert war. Und dennoch, gänzlich ungeachtet der Tatsache, dass er zweifellos unschuldig war an seinem Stottern, er geistige und körperliche Normalität besaß, verabscheute oder bemitleidete ihn seine Umwelt, hielt sich seiner fern, behandelte ihn abweisend und zurückhaltend, als ob er an einer ansteckenden, tödlichen Krankheit litt. Sein Schicksal offenbarte sich ihm als das eines Aussätzigen: abgeschnitten und verstoßen von
35 den gleichaltrigen Knaben und Mädchen, ausgeschlossen aus der Welt der Erwachsenen, seiner Mutter fremd, die sich insgeheim nach einem gesunden Kind sehnte, dem Vater verhasst, da dieser auch nach Jahren täglich aufs Neue fürchten musste, verraten zu werden, in seinem Sohn nicht mehr sein eigen Fleisch und Blut sah, sondern vielmehr das Mahnmal seines unbeherrschten Jähzorns.

---

[1] Schlangenförmig.
[2] Ital. Kugelspiel.
[3] Gemeint ist die Figur Don Quijote aus dem gleichnamigen Roman des spanischen Schriftstellers Miguel de Cervantes.
[4] Rat holen.
[5] Einrichtungen zur Behandlung und Pflege chronisch Kranker.
[6] Hier: Gehirn.

Somit kam es, dass der Knabe den Umgang mit Menschen scheute, sich in die Enge seines Zimmers zurück-
zog, dort vor Hohn und Verachtung Zuflucht suchte und fand. Er liebte die Literatur, insbesondere ein französi-
sches Buch[1], das er immer wieder las und das von einem armseligen Buckligen erzählte, der wie er von jedermann verspottet wurde. Oft nahm er diesen Roman zur Hand, widmete sich abermals der Stelle, die die Pein,
die der Missgebildete durch seine Umwelt erfuhr, schilderte und teilte dann gewissenhaft die Schmach und den
Schmerz des Unglücklichen. War diese Figur auch nur die Idee eines längst verstorbenen Schriftstellers, ein
Gespinst dessen Phantasie, so linderte sie dennoch wie kein anderes Wesen sein Leid, ihm zugefügt durch die
Kälte seiner Mitmenschen.

Den mildernsten Trost jedoch fand er beim Meer, das auf seine eigene Art und Weise oftmals schweigsam
und plaudernd zugleich war. Wenn ihm gelauscht wurde, dann teilte es sich seinem Zuhörer in Intervallen mit,
die den seinigen ähnelten. So wie der Bucklige die Statuen missgestalteter Dämonen geliebt, in ihnen sein
Ebenbild gefunden und stundenlang mit diesen zu plaudern gewusst hatte, derartig verhielt sich der Junge
gegenüber dem Meer, bei dem ihm das Reden leicht fiel, das sich Zeit für ihn nahm, ihn nicht drängte, bei dem
er darum nicht aufzuhören vermochte, von Erlebtem zu erzählen. Im Gegenzug horchte er ebenso geduldig und
voller Freude, wenn es sich ihm mitteilte.

Auf seinem Weg zum Meer hatte er eine kurze Rast einlegen, das grüne Stück Obst verzehren und dabei dem
gemächlichen Spiel der Alten zusehen wollen. Als er just im Begriff war, seine Wanderung hinunter zum Hafen
fortzusetzen, bog um die Ecke des Friedhofs eine Gruppe von sieben Jungen, die mit ihm dieselbe Schule besuchten. Diese waren ein oder zwei Jahre älter als er und hatten von jeher Gefallen daran gefunden, ihn, sobald
sie ihn schutzlos außerhalb der Reichweite eines Erwachsenen fanden, zu hänseln, zu necken, ihn lautstark zu
imitieren. Manchmal verprügelten sie ihn auch, wobei sich hierbei besonders der Älteste der jugendlichen
Gemeinschaft hervortat, die ihm gegebene Kraft nutzte, um sich vor seinen Kameraden als der von ihnen Stärk-
ste zu profilieren[2] und seine besondere Stellung unter ihnen, die offensichtlich der eines Anführers glich, erneut zu bestätigen. Die Gruppe hatte ihn bereits bemerkt und näherte sich dem Stotterer hastig, dem keine
Möglichkeit mehr blieb, zu entkommen. Im Lauf hätte ihn jeder der Jungen eingeholt. So wartete er schweigend und geduldig, als die sieben blökend und laut lachend auf ihn zuschritten, um sich dann im Halbkreis vor
ihm aufzustellen. Ohne ein Wort zu sagen, trat einer der Widersacher hervor, riss den Stotterer von der alten
Kirchenmauer hinunter und gab ihm mit aller Wucht eine Ohrfeige. Das Opfer stöhnte kurz auf, massierte seine
linke Wange, die sich rasch rötete, blieb aber stumm. Sein Gegenüber blickte zu seinen Kameraden und ließ
sich und seine Tat durch das Gelächter und Schreien der anderen feiern. Die Augen zum Boden gewandt, löste
sich nun wenige Augenblicke später der Älteste aus der Reihe heraus, stellte sich in seiner ganzen Größe, die
Schultern zurückgezogen, vor dem Stotterer auf. Dann hob er den Kopf, sah ihm grinsend ins Gesicht, um einen
kurzen Moment später weit auszuholen und ihm mit aller Wucht zwischen die Beine zu treten. Sekunden wurden zu Minuten. Ungläubig starrte der Stotterer zunächst voller Trauer, den Schmerz noch erfolgreich unter-
drückend, den Anführer an, der ihn ebenso verständnislos und unsicher betrachtete. Daraufhin wanderte sein
Blick von einem der jugendlichen Gefolgschaft zum anderen, während sie regungslos und offenen Mundes auf
ihren Plätzen verharrten.

Unter den schrillen Verhöhnungen seines Antagonisten[3] brach er in sich zusammen. Er krümmte sich stöh-
nend wie ein geschundener Hund auf dem Boden. Vor den Augen tanzten vor schwarzer Nacht die Sterne des
unendlichen Universums, die er zu anderem Zeitpunkt allesamt hätte beim Namen nennen können, die ihm
nun aber fremd und unwirklich schienen, kein Teil der Realität sein konnten, die er momentan so stechend
empfand. Er schwebte auf einer düsteren Wolke der Qual, vernahm durch einen Schleier zunächst kaum, dann
immer deutlicher das Jubeln der anderen. Als die Wellen des Schmerzes verebbten, wuchs in ihm der Hass,

---

[1] Gemeint ist die Figur der Glöckner von Notre Dame aus Victor Hugos gleichnamigen Roman.
[2] Sich einen Namen machen.
[3] Gegner, Widersacher.

fand Nährboden in der Freude seiner Feinde, seines Feindes. Zum ersten Mal verstand er vollends die düsteren Züge der Romanfigur, erkannte, weshalb diese bösartig geworden war, mit derselben Waffe stritt, mit der die Menschen ihr Wunden geschlagen hatten – und nun fand er auch in seinem Inneren derart finstere Regionen.

85 Die Tränen, die er zahllos vergoss, liefen heiß seine Wangen hinab, als er auferstand, seinen Feind umarmte und küsste. Seine feuchten Wangen schienen zu implodieren und erst als er von dem weich-harten Übel abließ, seinem Mund ein feiner Faden rötlichen Blutes die Pfade seiner Tränen folgte, gewann sein Gesicht seine alte Form. Nun blickte er voller Genugtuung in die entsetzten Augen seines Feindes, spürte mit Zufriedenheit, wie sein Groll von ihm wich, und spuckte den letzten Ekel zwischen sich und seinen Widersacher. Die Augenblicke

90 dehnten sich, die Wirklichkeit erlag einer grausamen Verzerrung, die nur allmählich durch das wilde, unkontrollierte Schreien der Mitläufer zurück zu ihrem Ursprung fand. Eilig stürzten diese zu ihrem Oberhaupt, das ohnmächtig in sich zusammensackte, dessen Wehklage jedoch nie wieder einen menschlichen Laut erzeugen sollte.

Aufgaben:

1. Fassen Sie die Erzählung in Form einer strukturierten Textwiedergabe (Inhaltsangabe) zusammen.

2. Der Stotterer beißt seinem Widersacher die Zunge ab (Z. 85 ff.). Erörtern Sie, inwiefern diese Tat gerechtfertigt ist.

Martin Dräger: **Eigentlich**

Eigentlich stehe ich gar nicht auf solche Sachen. Aber wir hatten halt schon was getrunken. War wahrscheinlich einfach Pech für den Kleinen. Dass er uns auch gerade dann über den Weg laufen musste. Wer damit eigentlich angefangen hat?

Weiß ich nicht mehr. Irgendeiner eben. Aber eigentlich wollten wir ihn auch gar nicht töten. War eigentlich
5   alles nur Spaß. Haben es wohl aus Langeweile gemacht. Der rollte auch so gut. Eigentlich haben wir ihn auch gar nicht so fest getreten. Ein bisschen gekickt halt. Mehr eigentlich nicht. Ob es mir leid tut?

Na klar. Ich mag ja Igel eigentlich auch total.

Martin Dräger: **Eigentlich**

Eigentlich müssten wir trauern, aber wir sind in viel zu guter Stimmung dazu und uns ist zum Feiern zumute. Und eigentlich wäre schwarze Kleidung jetzt angesagt, nur wollte niemand von uns dafür etwas von dem Geld ausgeben.

War es nicht eigentlich sowieso seine eigene Schuld? Wie oft waren wir den Sprung mit ihm durchgegangen,
5   hatten ihm die ganze Sache erklärt. Es hätte eigentlich gar nichts schief gehen können, wenn er unseren Erklärungen richtig zugehört hätte. Vielleicht ein Beinbruch. Aber für das viele Geld! Außerdem total unwahrscheinlich bei der geringen Höhe. Selbst ich hätte mich vielleicht überreden lassen.

Er wollte doch auch unbedingt in unsere Gruppe aufgenommen werden. Hatte es wohl satt, ständig von uns gepiesackt zu werden. Eigentlich können wir nur froh sein, dass es so gekommen ist. Der Fettsack hätte sowie-
10 so nicht bei uns reingepasst.

Sein Sprung kopfüber war schon verrückt. Kein Wunder, dass er sich das Genick gebrochen hat. Aber Glück für uns! Wir hatten noch mehr Zeit, die Kassen zu plündern, während die Geschäftsinhaber über die Brüstung gelehnt auf die leblose Fettmasse starrten.

Eigentlich schade, dass wir nicht noch so einen kennen!

Aufgaben:

1. *Die Gewalt(bereitschaft) unter Jugendlichen nimmt immer mehr zu. Erörtern Sie, inwiefern Jugendliche härter bestraft bzw. das Jugendstrafrecht verschärft werden sollte.*

2. *Finden Sie inhaltliche Gemeinsamkeiten und Unterschiede der beiden Versionen heraus und begründen Sie, welche Ihnen besser gefällt.*

3. *Erklären Sie die Bedeutung des Wortes ‚eigentlich‘ und wann es benutzt wird. Setzen Sie Ihre Ergebnisse in Beziehung zu den Geschichten.*

Stefanie Böhm: **Der göttliche Fehler**

Als es begann, so erzählte mir mein Vater, sei es anfangs kaum aufgefallen. „Die Menschen dachten, sie hätten einen Moment zu lang geblinzelt, weil es sich zunächst nur um Bruchteile eines Augenblickes handelte. Kaum einer sprach es an. Und wenn, dann wunderten sich beide, Ähnliches erlebt zu haben - erklären konnten sie es einander nicht. Wirklich klar wurde es den Ersten, als …" Mein Vater verstummte und überlegte. „Der Über-

5   gang war fließend", konstatierte[1] er letztendlich. Irgendwann seien die dunklen Phasen da gewesen - überall. Das heiße, so meinte er, „nicht nur, dass es mehrfach pro Tag für Sekunden dunkel wurde, nein, die Menschen redeten kaum noch über etwas anderes und auch die Medien berichteten permanent und auf jedem Kanal von diesen sonderbaren Ereignissen. Die Kirche prophezeite schon früh die Apokalypse[2]", schmunzelte mein Vater, „und als kein einziger Wissenschaftler plausible Gründe fand und auch die mächtigsten Regierungen rat- und

10   machtlos waren, entstand das erste Unbehagen. Aber noch waren die Aussetzer wenig irritierend", sagte er.

„Dann jedoch blieb die Sonne einfach für mehrere Minuten aus", fügte mein Vater hinzu und blickte hinab ins Schwarze. In diesem Stadium sei alle Angst noch unbegründet gewesen und die Menschen hätten sich sogar daran gewöhnen können. „Als jedoch die Pflanzen beeinträchtigt wurden, weil sich Minuten zu Stunden aus- dehnten und die Erde auskühlte, Hungersnöte drohten und dann Tatsachen wurden, als das Plankton[3] ausblieb

15   und die Fische verschwanden, versagten auch die letzten Optimisten", erzählte er. Eine wissenschaftliche Theo- rie verwies auf ein bis dahin unbekanntes Treibhausgas, das die Eigenschaft besitze, Sonnenstrahlen zurück ins All zu reflektieren. Sie fand aber keine Bestätigung und nach erfolgloser Suche nach anderen Ursachen breite- ten sich rasch überall völlige Verzweiflung und Mutlosigkeit aus.

„Innerhalb weniger Monate beschränkte sich der Tag nur noch auf einige Stunden, nach einem Jahr auf we-

20   nige Minuten. Zunächst hatten künstliches Licht in Gewächshäusern und unverderbliche Vorräte zumindest in den reichen Ländern den Ausfall kompensieren können, doch schon bald mussten die Menschen erkennen, dass nicht der gesamte Planet beleuchtet werden konnte. Eine Pflanzenart nach der anderen starb aus – und mit ihnen natürlich die Tiere, im Meer wie auf dem Land." Mein Vater seufzte und beschrieb, wie plündernde und mordende Banden durch Dunkelheit und Kälte von einer Stadt zur nächsten zogen, stets auf der Suche

25   nach Nahrung. Kriege brachen aus, als ganze Völker nichts mehr zu essen hatten. Und schließlich aßen die Menschen einander auf.

„Der Prozess war nach dem ersten Jahr langsamer geworden, und viele dachten zu dem Zeitpunkt, dass er zum Stillstand gekommen sei. Dies verkündeten die Regierungen, wohingegen einige Wissenschaftler darauf hinwiesen, dass genaueste Messungen unmissverständlich zeigten, dass die Nächte fortschreitend länger wur-

30   den." Betrübt erklärte mein Vater, dass ein Staatenbündnis erfolglos versucht habe, mittels modernster Tech- nologie durch riesige Spiegel im Orbit Licht auf die Erde zu lenken, denn nach wie vor schien die Sonne im All. „Nur kam nicht ein einziger Sonnenstrahl unten an. Es war, als hätte jemand sie beim Eintritt in die Erdatmos- phäre verschluckt. Kein Wissenschaftler konnte jemals dieses Phänomen erklären. Wie hätten sie auch, da die meisten immer nur Tatsachen geglaubt hatten; die anderen schimpften sie Scharlatane und Schwindler." Wü-

35   tend schüttelte er den Kopf.

Die Sonne sei nach etwa zwei Jahren völlig ausgeblieben und der Planet wenig später leer gewesen. „Aber er wird sich bald wieder füllen!", versprach mein Vater lächelnd. Das Leben würde zurückkehren, weil er die Erde dazu bestimmt habe, es hervorzurufen. Mit dem Menschen sei er einfach einen Irrweg gegangen, habe seinen Irrtum einen göttlichen Moment lang betrachtet, aber letzten Endes jenen Fehler korrigiert.

40   Er blickte traurig aus müden Augen ins Leere und sprach leise wie zu sich selbst: „Den Verstand, den ich ihnen geschenkt hatte, wussten so wenige sinnvoll zu nutzen. Die Fähigkeit zu Nächstenliebe und Barmherzigkeit für

---

[1] Feststellen, bemerken.
[2] Hier: Das Weltende (wie es z. B. in der Offenbarung bei Johannes im Neuen Testament geschildert wird).
[3] Kleinstlebewesen des Meeres, die als wichtige Nahrungsgrundlage für viele Meereslebewesen (bis hin zu einigen Walarten) dienen.

alle Geschöpfe wurde häufig durch Gier nach Macht und Reichtum vernichtet. Selbst in meinem Namen beraubten und töteten sie alles, was ihnen ein Mehr ihres Mammons[1] versprach und ihren Dünkel[2] nährte. Sie redeten und redeten und redeten davon, die Welt zu einer besseren, gerechteren zu machen." Dann sah er mich mit nachdenklichem Blick an, donnerte schließlich aber voller Zorn: „Ich wartete lange genug darauf –

45 vergebens!"

Einen Atemzug später öffnete mein Vater seine Hände und Licht drang augenblicklich hinab in die Finsternis und überflutete sie damit.

Aufgaben:

1. *Nehmen Sie an, dass die Geschichte Wirklichkeit würde. Erörtern Sie, inwiefern der Mensch seinen Untergang verdient hätte.*

2. *Stellen Sie Mutmaßungen darüber auf, wer Vater und Sohn sind, und begründen Sie Ihre Spekulationen.*

3. *Erklären Sie, was genau der Vater getan hat und seine Gründe dafür.*

---

[1] (Meist abwertend) Geld.
[2] Hochmut, Überheblichkeit.

Julia Adler: **Kleine Fabel**

Und der kleine Igel wanderte entlang der schwarzen Ebene, die er überqueren wollte und die sich hart und warm vor ihm in die Weite zog. Seltsame, riesige Donnergeschöpfe eilten auf ihr mit unbeschreiblicher Schnelligkeit hin und her, schenkten ihm jedoch keinerlei Beachtung. Und dennoch fürchtete sich der kleine Igel vor ihnen, denn sie waren ihm unbekannt. Noch nie zuvor hatte er derartige Wesen zu Gesicht bekommen, und der
5 Lärm, der von ihnen ausging, war gewaltig und schmerzte in seinen Ohren. Ihr plötzliches Auftreten war gespenstisch. Und lange Zeit wagte der kleine Igel nicht, Fuß auf die Dunkelheit zu setzen. Aber schließlich fasste er einen Entschluss: „Wenn eines dieser Donnergeschöpfe mir zu nahe kommen sollte, rolle ich mich zusammen, und mein Stachelpelz wird mir den gewohnten Schutz geben."

Also betrat er den finsteren Untergrund, um seine Reise fortzusetzen, und tat, wie er es sich vorgenommen
10 hatte, als er eine der ihm unbekannten, unverstandenen Kreaturen bemerkte, die sich ihm mit unverminderter Geschwindigkeit näherte.

Recht behalten sollte er allerdings nicht.

Aufgaben:

1. *Erörtern Sie, ob zum Schutz von Mensch und Tier in der Stadt ein Tempolimit von 30 km/h und auf der Autobahn von 100 km/h eingeführt werden sollte.*

2. *Erläutern Sie, was an der Geschichte ‚fabelhaft' ist.*

Christian Ulm: **Die Zündschnur**

Wie immer saß er auf seinem Stein, starrte auf den Boden und döste glücklich vor sich hin. Die Zündschnur, die vor ihm lag, schwarz und schmal, bemerkte er nicht. Vielleicht konnte er sie nicht bemerken? Er saß gemütlich auf seinem Stein, bereits sein Leben lang.

5 Apathisch[1] blickte er von Zeit zu Zeit in die Luft, um dann wenig später wieder den Fixpunkt auf dem Boden mit derselben Gleichgültigkeit wie zuvor anzuglotzen; vorbei an der Zündschnur, die sich ihm so offen präsentierte, die er dessen ungeachtet nicht sehen wollte, die er gekonnt ignorierte.

Neben ihm saßen viele andere seiner Art. Wie er saßen sie auf einem Stein, und vor allen rekelte sich die Zündschnur; aber offensichtlich wollte auch keiner der anderen sie entdecken. Es wäre keineswegs schwierig gewesen, sie zu erfassen; sie schlängelte sich an jedermanns Stein entlang, zwischen ihnen hindurch. Doch statt
10 hinzuschauen, sahen sie einfach weg!

Viele Jahre vergingen, und es kam nun ab und zu vor, dass jemand von seinem Stein aufsprang und auf die Zündschnur deutete, seinen Nachbarn auf dieses schwarze, lange Ding aufmerksam machte. Nicht selten sogar schrie einer in panischer Furcht auf, malte sich und den anderen aus, was passieren mochte, wenn durch Zufall oder böse Absicht die Zündschnur einmal entfacht würde. Bald ängstigten sich viele und dennoch ließen sie
15 sich rasch und gerne wieder beruhigen, setzten sich sorglos zurück auf ihre Steine, um erneut gedankenverloren auf den Boden oder in die Luft zu blicken. Nicht wenige schlossen sogar die Augen, mag es sein, dass sie ihr Unbehagen zerschlafen wollten oder einfach nur, um nicht mehr an ihre Umgebung erinnert zu werden.

Eines Tages allerdings, er saß wie immer auf seinem Stein, starrte auf den Boden und döste mit sich und der Welt zufrieden vor sich hin, als ein kleiner Funkenregen seine Füße entlangkroch - langsam, aber stetig. Be-
20 nommen schaute er der Wanderung eine Weile nach, bis er erkannte, dass es die Zündschnur war, die - durch unbekannte Quellen entfacht - nun konstant an Länge verlor. Er sprang auf, seine Beine waren taub vom langen Sitzen, und alarmierte seine Nachbarn. Gemeinsam liefen sie der Spur der verbrannten Zündschnur hinterher, wobei sie allen, auf die sie trafen und die sich noch nicht erhoben hatten, vom Unglück berichteten. Viele blieben nichtsdestotrotz sitzen - entweder weil sie den Warnenden keinen Glauben schenkten, sie als hysterische
25 Lügner bezeichneten, oder einfach, weil sie überhaupt kein Interesse an ihrer Umwelt besaßen. Und das, obgleich auch vor ihnen die Spur der versengten Schnur lag!

Die Verfolger dagegen liefen einen ganzen Nachmittag lang bis in den Abend hinein, und als sie endlich nach Sonnenuntergang in nicht allzu weiter Ferne das helle Leuchten der Funken entdeckten, die unverdrossen an der Substanz der Zündschnur fraßen, fühlten sie ihre Erschöpfung und meinten, sich nun eine Pause gönnen zu
30 dürfen, da das Ziel so nahe läge. Daher setzten sie sich auf herumliegende Steine, denn am folgenden Tag würden sie die Zündschnur weiterverfolgen können - morgen war ja stets auch noch ein Tag!

Wie immer saß er auf einem Stein und begann gerade – so wie die anderen Verfolger um ihn herum - glücklich vor sich hinzudösen, als am Horizont ein einziger, unmenschlich greller Blitz aufleuchtete, dessen Zerstörung sich rasant über allen und allem ausbreitete. Und sämtliche Taten und guten Vorsätze, die es morgen
35 hätte geben sollen, wurden mit ihm auf einen Schlag zunichte gemacht.

Aufgaben:

1. *Erörtern Sie, ob der Mensch Probleme „zerschläft" (Z. 17).*

2. *Erklären Sie: „mag es sein, dass sie [die Menschen] ihr Unbehagen zerschlafen wollten" (Z. 16 f.).*

---

[1] Teilnahmslos, gleichgültig.

3. *Formulieren Sie eine mögliche Intention der Parabel[1] und belegen Sie diese anhand des Textes. Nennen Sie ferner konkrete Beispiele aus Vergangenheit und/oder Gegenwart.*

4. *Formulieren Sie das wahrscheinliche Ziel der Verfolger der Zündschnur und äußern Sie begründete Vermutungen darüber, weswegen es nicht explizit im Text genannt wird.*

5. *Begründen Sie, ob Sie eher ein ‚Schlafender' oder ein ‚Warnender' sind.*

---

[1] Die Parabel ist eine lehrhafte und kurze Erzählung. Ihr Anliegen ist die Vermittlung von Fragen der Moral und ethischen Grundsätzen, welche durch Übertragung in einen anderen Vorstellungsbereich begreifbar werden. Das im Vordergrund stehende Geschehen (Bildebene) hat symbolische Bedeutung für den Leser. Die Parabel ist eine Aufforderung zum Erkennen und soll den Leser dazu bringen, das Gemeinte als Allgemeines (Sachebene) herzuleiten.

Marc Dönitz: **Hans**

Der Opa von Hans war schon lange ein leidenschaftlicher Jäger. Um seinem Enkel eine Freude zu bereiten, brachte er ihm seit einiger Zeit ausgestopfte Tiere mit, die er selbst erlegt hatte. Und im Stillen hoffte er, damit auch dessen Begeisterung fürs Jagen zu wecken. Die letzten Male jedoch hatte Hans die Jagdtrophäen ohne das für ihn so einmalige Lachen aufs Zimmer getragen – das war auch dem Großvater nicht entgangen. Und während Hans früher die Sonntagsbesuche des Opas kaum hatte abwarten können, verschwand er nun häufig nach einer kurzen Begrüßung schnell wieder in seinem Zimmer.

Als an diesem Sonntag der Großvater stolz mit einem ausgestopften Auerhahn[1] unterm Arm an der Tür schellte, öffnete nicht Hans, sondern überraschend die Mutter, um ihn hereinzulassen. Ein wenig verwundert darüber, dass es nicht Hans war, der vor ihm stand, fragte er schließlich nach kurzem Zögern: „Ist Hans denn nicht da?" Als die Mutter erklärte, dass er oben in seinem Zimmer sei, runzelte der Großvater verwirrt die Stirn und starrte sie einen Augenblick lang ungläubig an.

Insgeheim wünschte sich die Mutter, dass der Großvater nicht noch mehr dieser Staubfänger, wie sie die Tiere nannte, mitbringen würde, doch wagte sie es nicht, ihm dies zu sagen und damit den Spaß zu nehmen. Auch dass all diese Geschenke nach kurzer Zeit auf dem Dachboden landeten, behielt sie lieber für sich. Also nahm sie dem Großvater den Mantel ab und rief die Treppe hinauf: „Hans, Opa ist da!"

Während der Großvater auf seinen Enkelsohn wartete, schaute er der Mutter bei den Vorbereitungen für das Sonntagsessen zu. Den Auerhahn hatte er auf den schweren Tisch im Nebenzimmer gestellt. Als er sich nun umdrehte, stand Hans schweigend vor dem toten Tier und betrachtete es. „Ist er nicht prachtvoll?", fragte der Großvater lächelnd, und seine Augen glänzten voller Stolz, einen derart seltenen, schön gewachsenen Vogel erlegt zu haben. „Freust du dich nicht? Er gehört dir!"

Als Hans seinen Opa daraufhin mit weit geöffneten Augen anschaute und dann heftig den Kopf schüttelte, erklärte sein Großvater ein wenig verärgert: „Weißt du überhaupt, wie lange ich darauf gehofft habe, einmal einen Auerhahn zu schießen? Solche Vögel sind bei uns äußerst selten geworden, und man muss schon viel Glück haben, einen zu sehen, geschweige denn, einen mit dem Gewehr zu erwischen." Hans fing lauthals an zu weinen.

„Mein Junge, ich wollte dich nicht ausschimpfen! Es tut mir leid, dass ich eben so böse geklungen habe. Es schien nur so, als ob du dich nicht über mein kleines Geschenk freuen würdest. Wein' doch nicht, Hans!", sagte der Großvater verlegen und bereute zutiefst, den Kleinen so heftig angeschnauzt zu haben. Er hatte ihn doch lieb und wollte ihm nur eine Freude bereiten. Er kniete sich vor seinem Enkelsohn nieder, stellte den Auerhahn zu seiner Seite auf den Boden und legte die Hände auf die Schultern des Jungen: „Gefallen dir die Tiere denn nicht, die ich dir mitbringe?", fragte er. Hans, der schluchzend auf den Boden starrte, flüsterte: „Doch", und hob nun den Kopf, um seinen Großvater anzuschauen, der erleichtert lächelte. „Aber sie sind doch tot", fügte er hinzu. Da sein Opa nicht zu verstehen schien, fuhr Hans fort: „Begreifst du denn nicht?", und der Großvater schüttelte den Kopf. Hans sprach: „Wenn ich irgendwann Enkelkinder habe und ich diesen erzähle: ‚Als ich einmal jung war, da lebten in unseren Wäldern leuchtend rote Füchse mit bauschigen Schwänzen; es gab Eulen, die meistens nur nachts zu finden waren und deshalb ganz große Augen hatten, damit sie in der Dunkelheit überhaupt etwas sehen konnten; dann gab es noch Rehe und Hirsche mit riesigen Geweihen auf dem Kopf; und auch Eichhörnchen, die die Bäume rauf und runter kletterten, um Tannenzapfen zu finden; und es gab Marder, Waschbären, Dachse und noch viele, viele andere Tiere im Wald ...'" Der Großvater lächelte verlegen, da er nicht wusste, worauf sein Enkel anspielte. Hans fuhr fort: „Was ist, wenn sie sagen: ‚Das muss eine schöne Zeit gewesen sein: Füchse, Eulen, Rehe und all die anderen Tiere, von denen du uns berichtet hast. Aber warum gibt

---

[1] Fasanenartige Vogelart in Europa. In Deutschland mittlerweile vom Aussterben bedroht.

es die denn jetzt nicht mehr?'" Hans zögerte, ließ seinem Großvater Zeit, das Gesagte zu begreifen, und fragte schließlich: „Verstehst du, Opa, was soll ich ihnen denn dann antworten?"

Aufgaben:

1. Erörtern Sie, inwiefern Hans recht hat.

2. Begründen Sie, welches Leben Sie führen: das des Jägers oder das des Hüters.

Margret Giese: **Auf der Pelzfarm**

Langsam wird er verrückt. Diese Schreie machen ihn noch wahnsinnig. Still liegen, wie die beiden Neuen, kann er gar nicht mehr. Auf und ab läuft er am Gitter entlang. Stets dieselben Bewegungen: vier Schritte rechts, drehen, vier Schritte links, drehen. Fast ununterbrochen. Nur manchmal hält er kurz inne. Horcht, schnüffelt, blickt hinüber zu den beiden, die dort verwirrt und ängstlich kauern. Und dann immer wieder diese Schreie –

5 diese schmerzerfüllten, grauenvollen Schreie, die sie alle jedesmal aufs Neue zusammenzucken lassen. Und das Warten. Auf seinen Tod, das weiß er genau. Diese ständige Panik, diese Beklommenheit, diese Enge – er kann nicht mehr! Er wünscht sich, dass sie ihn auch endlich abholen, ihn gewaltsam im Nacken packen und töten, damit dieses schreckliche Dasein ein Ende hat. Wenn er nur nicht solche Angst hätte!

Da sind sie! Der Käfig geht auf. Er drängt sich zu den beiden in die hinterste Ecke. Dennoch bekommt ihn

10 jemand zu fassen, greift ihn hart, erfahren, unbarmherzig. Er wehrt sich dagegen mit all seiner verbliebenen Kraft. Er will leben. Er will doch nur leben! Was wollen sie von ihm? Was hat er ihnen getan? Was hatten die anderen ihnen getan? Doch er ist schwach und steif nach all der Zeit. Ruckartig wird er hinausgezerrt. Und er zappelt, schnappt wie wild nach seinem Widersacher, gräbt seine spitzen Zähne so tief er kann hinein in den ledernen Handschuh. Aber es nützt ihm nichts. Der Griff lässt nicht locker. Dann dringt etwas mit Wucht in sein

15 Hinterteil. Er jault laut auf, beißt einen Augenblick später auf eine metallene Stange, die ihm ins Maul gestoßen wird. Ein höllischer Schmerz durchfährt ihn, lässt ihn verkrampfen. Ihm wird schwarz vor Augen, nun macht er sich nass.

„Der ist auch noch nicht krepiert. Mach' nochmal den Strom an[1]." – „Ach was, egal. Der merkt sowieso nichts mehr, glaub' mir. Los, zieh ihm schon das Fell ab, damit wir den nächsten holen können."

20 Ein Schrei - ein schmerzerfüllter, grauenvoller Schrei.

Aufgaben:

1. *Erörtern Sie, ob Menschen Pelze tragen sollten.*

2. *Finden Sie mehr zum Thema ‚Pelze' heraus (z. B. www.peta.de) und beurteilen Sie kritisch, ob die Autorin in ihrer Geschichte das damit verbundene Grauen angemessen darstellt.*

---

[1] Eine gängige Form der Pelzindustrie ist das Töten durch Stromschlag. Dabei ist diese Methode besonders qualvoll. Den Tieren wird ein Metallstab in den Anus (Hintern) sowie einer in den Mund eingeführt. Die Stäbe werden dann unter Strom gesetzt. Häufig sind die Tiere nach dem ersten Mal noch nicht tot, sodass die Prozedur mehrfach durchgeführt werden muss.

Birgit Bever: **Die Lebenslinie**

Sowohl Kassandras[1] Oma als auch ihre Mutter hatten einst von dem Phänomen berichtet. Natürlich vertraute sie ihnen, dass sie die Wahrheit sagten. Es war ohnehin nicht schwer zu glauben, weil es reiner Logik entsprach. Das Entsetzen der beiden konnte sie sich ebenfalls leicht vorstellen.

Am Tage nach dem Attentat auf den Thronfolger[2] war es der Großmutter bei einem frisch verliebten Pärchen als Erstes aufgefallen. Eigentlich, so erzählte sie, wollte wie üblich lediglich das Mädchen die Hand gelesen haben. Doch es neckte ihren Freund so sehr, flüsterte ihm Albernheiten ins Ohr, dass er schließlich lachend einwilligte. Sofort war ihrer Oma das abrupte Ende der Lebenslinie aufgefallen. Obgleich bei der deutlichen Ausprägung und Länge der Linie sonst keine ernsthaften zukünftigen Krankheiten zu erwarten waren, bedeutete ihr schlagartiger Abbruch einen unerwarteten Tod. Dies war etwas, das sie in dieser Paarung nicht häufig zu Gesicht bekam. Genauso wie bei allen anderen, in deren Händen sie las, nannte sie dem jungen Mann jedoch nur das Gute, das zu sehen war: seine hervorragende Gesundheit und die Fähigkeit zu großer Leidenschaft, den ausgebildeten Intellekt und vor allem den Hinweis darauf, dass er nur eine Liebeslinie besaß, demnach auch nur eine ernsthafte Bindung in seinem Leben eingehen würde. Glücklich verabschiedeten sich die beiden. Bei dem Mädchen hatte sie gelogen, denn es besaß drei Liebeslinien.

Einige Tage darauf hatte sie zufällig einen Blick in die Hand ihres Neffen geworfen und dasselbe plötzliche Ende der Lebenslinie entdeckt. Zwar zeugte sie nicht von derselben kräftigen Konstitution[3] wie die des jungen Mannes - sie enthielt eine Insel, die eine Erkrankung bedeutete -, aber im Übrigen war die Linie ähnlich klar ausgeprägt. Sie hatte in der Vergangenheit bereits mehrfach in seiner Hand gelesen und doch war ihr diese Furche nie aufgefallen. Das stimmte sie sehr nachdenklich, denn Derartiges übersah sie sonst nicht; schon gar nicht bei ihrer Verwandtschaft.

In den folgenden Tagen stieß sie bei mehreren jungen Männern auf eben diesen schlagartigen Abriss der Lebenslinie. Nicht alle Männer wiesen dieses Merkmal auf; nur etwa die Hälfte derjenigen, die unter 40 waren. Was dies bedeuten mochte, darüber konnte sie zu diesem Zeitpunkt allerdings nur mutmaßen.

Als einen Monat später der letzte deutsche Kaiser[4] Russland den Krieg erklärte, wusste sie ihre Ahnung bestätigt. Und obgleich sie es bis zuletzt nicht hatte glauben wollen, bewiesen die Verluste ihre längst gewonnene Erkenntnis.

Anfang 33 machte Kassandras Mutter dieselben Beobachtungen. Diesen war Hitlers Machtergreifung vorausgegangen. Allerdings wollte sie zunächst den kleinen, nicht unsympathischen, aber recht unbedeutend wirkenden Mann nicht damit in Verbindung bringen. Der neue Reichskanzler konnte gut reden, doch das schien anfangs auch seine einzig beachtenswerte Eigenschaft zu sein. Als aber wenige Tage später Hitler seine Schergen[5] anwies, auf Kommunisten öffentlich brutale Jagd zu machen, begriff sie, dass sie ihn tatsächlich falsch eingeschätzt hatte: Er war ganz und gar nicht harmlos. Mit dem Tod Hindenburgs[6] wurde ihr klar, dass es von da an

---

[1] Anspielung auf Kassandra, Tochter des trojanischen Königs Priamos. Sie gilt in der griech. Mythologie als eine tragische Figur, weil sie das Unheil immer voraussah, aber bei ihrer Umgebung kein Gehör fand.
[2] Gemeint ist Franz Ferdinand von Österreich-Este, österreichischer Erzherzog und seit 1896 Thronfolger von Österreich-Ungarn. Das Attentat von Sarajevo (28. Juni 1914), bei dem er und seine Frau ums Leben kamen, gilt als Auslöser des Ersten Weltkriegs.
[3] Verfassung, Aussehen.
[4] Gemeint ist Kaiser Wilhelm II.
[5] Häscher. Gemeint sind die SS (und auch die Gestapo) der Nazis.
[6] Am 30. Januar 1933 berief Präsident Paul von Hindenburg Adolf Hitler zum Reichskanzler. Das am 23. März 1933 verabschiedete *Ermächtigungsgesetz* setzte dann mit Hindenburgs Zustimmung auch die in der Weimarer Verfassung festgelegte Gesetzgebungskompetenz des Parlaments außer Kraft und trug dazu bei, dass Hitler die totale Kontrolle über die politischen Verhältnisse in Deutschland erlangte. Hindenburg starb am 2. August 1934. Nach dem Tod des Reichspräsidenten war für Hitler endgültig das letzte Hindernis für die nationalsozialistische Diktatur aus dem Weg geräumt.

kein Aufhalten mehr gab. Die Wiedereinführung der Wehrpflicht und die Rheinlandbesetzung[1] zeigten ihr unmissverständlich, dass das Land auf einen erneuten schrecklichen Krieg zusteuerte.

35   Während sich die Großmutter mit kläglichem Erfolg warnend an die Öffentlichkeit gewandt hatte, unterließ ihre Mutter dies, weil ihr bewusst war, in welche Gefahr sie sich brachte, wenn sie gegen Hitler und sein Regime wetterte. Frauen wie sie wurden ohnehin misstrauisch beäugt und nicht wenige verschwanden mit der Zeit spurlos.

    Nun endete Kassandras Lebenslinie seit Kurzem abrupt. Und nicht nur ihre. Bei allen, in deren Hand Kassandra
40 blickte, erkannte sie diesen Schnitt. Was er ankündigte, war ihr bereits aus den Berichten über die Vergangenheit bekannt. Aber worin lag diesmal sein Ursprung? Wenn sie in den Medien suchte, gab es zahlreiche Möglichkeiten: „Iran baut weitere Anlage zur Urananreicherung", „Klimagipfel gescheitert!", „Überbevölkerung" hieß es dort beispielsweise. Derartige Schlagzeilen wiesen auf etwas, das zu einer Kettenreaktion und schließlich zum Ende der gesamten Menschheit führen würde. An eine kosmische Katastrophe glaubte sie nicht. Der
45 drohende Untergang war zweifelsohne menschengemacht.

    Unser aller Schicksal, so wusste Kassandra, hängt von unzähligen Faktoren ab und ist von daher nicht unveränderlich, wie die meisten meinen. Deshalb hoffte sie inständig, dass einer der klügsten Köpfe, welche die Menschheit in ihrer Millionen Jahre alten Geschichte hervorgebracht hatte, sich irrte. Einstein soll einmal behauptet haben, dass zwei Dinge unendlich seien: das Universum und die menschliche Dummheit. Beim Univer-
50 sum sei er sich aber nicht sicher.

    Und doch war alles, was ihr blieb, das Vertrauen in das Urmenschliche, in die Vernunft.

    Sie durfte einfach nicht enttäuscht werden!

Aufgaben:

1. *Fassen Sie die Erzählung in Form einer strukturierten Textwiedergabe (Inhaltsangabe) zusammen.*

2. *Wählen Sie eine der Schlagzeilen, die Kassandra nennt (Z. 42), und erörtern Sie, ob die angesprochene Thematik tatsächlich den Untergang der Menschheit bedeuten könnte.*

---

[1] Als Remilitarisierung des Rheinlandes oder Rheinlandbesetzung wird die Stationierung von Truppenteilen der Wehrmacht im entmilitarisierten Rheinland am 7. März 1936 bezeichnet. Als Reaktion auf die Ratifizierung des Französisch-Sowjetischen Beistandsvertrages am 27. Februar 1936 ließ der deutsche Reichskanzler Adolf Hitler die entmilitarisierte Zone im Rheinland wiederbesetzen, um die Souveränität des Reiches über die Westgrenze Deutschlands wiederherzustellen und die Versailler Vertragsbestimmungen weiter zu ändern.

Frank Schade: **Harmagedon**[1]

Dies war er also: der letzte Tag. Der Tag, auf den die Menschheit seit Tausenden von Jahren ungeduldig, aber vergeblich gewartet hatte. Von vielen Predigern, Propheten, Hellsehern und Visionären war dieser unheilvolle Tag schon etliche Male zuvor angekündigt worden, und doch hatte die Erde stets unverändert ihren Weg durch das Universum fortgesetzt. Nun war er endlich gekommen, lautlos herbeigeschlichen auf sanften Pfoten. Ohne
5   jedwede Vorankündigung erschien unser Ende. Der Mann wusste es. Er wusste, dass es heute geschehen würde. Nichts deutete darauf hin; kein Hinweis in den Fernsehnachrichten, in der Zeitung oder im Radio - nirgends. Banalitäten bestimmten die Menschheit. Es gab wie immer einige Kriege irgendwo, ein Zugunglück im Norden, ein Flugzeugabsturz in Australien, eine neue Steuererhöhung. Das war´s! Nichts Ungewöhnliches oder Auffälliges, das hätte warnen können. Rein gar nichts!

10   Er blickte hinaus und beobachtete die Blaumeisen, wie diese eifrig aus den Knödeln kleine Körner herauspickten. Wozu all diese Emsigkeit, wenn es doch ein Morgen nicht gab? Tief stand die Sonne – üblich für diese Jahreszeit. Angenehm spürte er ihre Wärme, geschützt vor der eisigen Kälte durch die Glasscheibe des Fensters, wohinter er sich befand. Dann wandte er sich ab und überlegte ein weiteres Mal, ob er sich denn sicher sei. Ja, das war er, obgleich er immer noch nicht zu sagen vermochte, weswegen; weder weswegen er es mit absoluter
15   Bestimmtheit behaupten konnte noch weswegen es denn zu guter Letzt, nein, dies war der falsche Ausdruck, vielmehr weswegen es schließlich passieren würde. Auch wusste er nicht, wann er erkannt hatte, dass es soweit war. War diese Einsicht abrupt oder kontinuierlich gekommen? Er zuckte mit den Schultern – es war sowieso bedeutungslos.

„Möglicherweise ist ein Versehen daran schuld", grübelte er. „Wahrscheinlich technisches Versagen. Nein,
20   wohl eher menschliches." Aber was machte das noch aus? Das Resultat würde dasselbe bleiben, und im Grunde wäre die Ursache nicht von Belang. Höchstens die Geschichtsbücher und die Verantwortlichen müssten sich später darum kümmern, exakt feststellen, woran es denn gelegen hatte. Er lächelte und schüttelte den Kopf über seine Naivität: Die gäbe es ja gar nicht mehr.

Er trat zu seinem einfachen Küchentisch und goss sich Tee ein.

25   „Tee: aus China stammend und bereits seit mindestens 3000 Jahren der Menschheit bekannt, durch die Araber im 16. Jahrhundert in Europa eingeführt", erinnerte er sich seiner Schulzeit und fing abermals an zu lächeln. Millionen anderer tranken womöglich gerade in diesem Moment Tee so wie er, frühstückten mit ihren Familien, unterhielten sich mit Freunden. Oder sie arbeiteten bereits fleißig und planten schon für das nächste Wochenende. Und keiner von ihnen wusste, dass es ein solches für niemanden mehr geben sollte.

30   Er war weder traurig noch verängstigt; ein wenig enttäuscht sicherlich, dass es dem Menschen trotz seines Intellekts nicht gelungen war, ein derartiges Schicksal, vor dem er selbst so oft gewarnt hatte, abzuwenden. Was hatte Mephistopheles[2] ihm unterstellt? Er sei eine Zikade[3] und nutze seine Vernunft nur, um tierischer als jedes Tier zu sein.

„Ja, Goethe war ohne Zweifel ein Genie", sagte er. Aber musste man ein Genie sein, um dies zu erkennen? Er
35   sollte das Drama umschreiben, ein besseres, wahreres Ende finden; er hätte es getan, wenn ihm die Zeit dazu noch geblieben wäre.

---

[1] Der Ort der endzeitlichen Entscheidungsschlacht in der Offenbarung des Johannes (Bibel).
[2] Gemeint ist die Figur Mephistopheles (Mephisto, der Teufel) aus Johann W. von Goethes Drama „Faust". Mephisto sagt im „Prolog im Himmel" über den Menschen: „Er nennt's Vernunft und braucht's allein, Nur tierischer als jedes Tier zu sein. Er scheint mir, mit Verlaub von euer Gnaden, Wie eine der langbeinigen Zikaden, Die immer fliegt und fliegend springt Und gleich im Gras ihr altes Liedchen singt; [...]." (V. 285-290).
[3] Insekt (Grille).

Aber nicht alles Leben sollte vernichtet werden. Nein, einige Bakterien mochten gewiss überleben. Er wusste von französischen Wissenschaftlern, die kurz nach ihren Atomtests für Messungen auf die verseuchten Atolle[1] gereist waren, dass dort Kakerlaken die Explosionen überstanden hatten. Ihm kam ein spanisches Lied in den

40 Sinn, und er musste schmunzeln und murmelte leise vor sich hin: „Im Urlaub verhasst, das Schreckgespenst eines jeden Restaurantbesitzers wird uns überleben. Die Natur wird also den Menschen überdauern." Es war ein herrlicher Gedanke, zu wissen, dass dieses arrogante, egoistische Wesen sich selbst den Garaus machte, nachdem es zahllosen anderen unschuldigen in der Vergangenheit gleiches Schicksal gebracht hatte, dann aber doch zu guter Letzt, und nun passte dieser Ausdruck, den Kürzeren zog. Wieso hatte der Mensch eigentlich nie

45 verstanden, dass die Erde auf ihn verzichten konnte? Natürlich gab es einige Ausnahmen: Völker, die mit der Natur in Eintracht lebten. Jedoch waren sie die absolute Ausnahme. Wie konnte die Schöpfung gelobt werden, wenn die Krönung dieser ein derartig scheinheiliges und selbstsüchtiges Geschöpf gewesen ist?

„Ich sah nie, dass es gut war!²"

(Hell leuchteten die künstlichen Sonnen und ihre Pilze wuchsen hoch hinaus über die Städte, die Länder und

50 Staaten, den gesamten Planeten, der jetzt fortan wie das gesamte Universum namenlos sein sollte. Lediglich Schatten mahnten auf zerbrochenen Wänden, wurden zu Zeugen des Vergangenen, als die Zeit stehen blieb.)

Aufgaben:

1. Lesen Sie auch Susanne Steinhagens „Sirenen" (S. 38-39) und arbeiten Sie tabellarisch inhaltliche Gemeinsamkeiten und Unterschiede heraus.

2. Beide Geschichten haben den Weltuntergang als Thema. Erörtern Sie, welcher Text gelungener bzw. überzeugender ist.

3. Erläutern Sie die Anspielung auf Goethes „Faust" in Z. 32 ff.

4. Erklären Sie, weshalb die „Zeit stehen" bleibt (vgl. Z. 51).

---

[1] Ringförmiges Korallenriff.
[2] Anspielung auf die Bibel: „Und Gott sah, dass es gut war" (1. Mose 1, 10).

Susanne Steinhagen: **Sirenen**

Irgendetwas an seinem Traum stimmte nicht, bildete eine Disharmonie[1]. Was genau störte, war ihm allerdings noch nicht klar. Er versuchte es schleunigst zu lokalisieren und den Makel zu beheben, um zu der Frau zurückzukehren, mit der er gerade erotische Phantasien auslebte. Die Irritation[2] nahm jedoch weiter zu, sodass er es schließlich aufgab, dagegen anzukämpfen. Mürrisch verabschiedete er sich von der brünetten Schönheit und
5 wachte auf.

Sirenengeheul. Das war es also, das in die sinnliche Szene nicht hineingepasst hatte. Seine Hand tastete im Dunkeln nach dem Wecker. Viertel nach drei. Eine Unverschämtheit von der Stadt, um diese Uhrzeit einen Probealarm durchzuführen. Wie lange hielt diese verfluchte Übung denn nun schon an? Schlaftrunken wartete er auf ein Ende.

10 Plötzlich war es vorbei. Er stand auf und ging zur Toilette. Dann vernahm er von Neuem das Signal. Und fortan jaulte nicht nur eine Sirene, sondern mehrere schrien schrill in die Nacht hinein. Als er sich die Hände wusch, setzte der Alarm wieder aus, um eine halbe Minute später wieder anzufangen. Er erinnerte sich seiner Kindertage, als er in der Schule gelernt hatte, dass das Radio in einem solchen Fall sogleich angestellt werden sollte, um aktuelle Nachrichten zu erfahren.

15 In der Küche nahm er sich kalte Milch aus dem Kühlschrank und trank direkt aus der Packung. Im Hintergrund wiederholten die Sirenen abermals ihr Lamento. Jetzt reichte es ihm. „Verdammt noch mal!", murmelte er und schaltete das Radio ein.

„… alle Bürger, sich zum nächstgelegenen Luftschutzkeller zu begeben. Sollten Sie nicht wissen, wo sich dieser befindet, so wenden Sie sich bitte telefonisch an die örtliche Polizei oder Feuerwehr. Dies ist keine Übung,
20 sondern ein Ernstfall. Wir bitten alle Bürger, sich zum …"

Fragend blickte ihn die weiße Milch von den Bodenfliesen herauf an. Dort hatte sie sich beim Aufprall schlagartig verteilt. Sein Entsetzen starrte bleich zurück. Er rannte ins Wohnzimmer, wo der Fernseher stand.

Auf allen Kanälen berichteten die gleichen übermüdeten und bestürzten Gesichter von nur einem Thema. Aber wie konnte das sein? Im 21. Jahrhundert! Der Kalte Krieg[3] war doch längst vorbei. Oder sollte er sich etwa
25 täuschen? „Anscheinend irre ich mich tatsächlich, denn sonst hätte man uns nicht den Krieg erklärt", schlussfolgerte er und schüttelte dabei so heftig den Kopf, dass ihm einen Moment lang schwindelig wurde. Er ruderte mit den Armen, um sein Gleichgewicht wiederzufinden und nicht zu fallen. Ihm war nicht einmal bekannt gewesen, dass Spannungen zwischen den beiden Seiten bestanden hatten. Dabei sah er täglich die Nachrichten. Ja, gestern Abend hatte er sie noch gesehen. Kein Wort über einen Konflikt war gefallen. Alles musste ein Missverständnis sein. Er lachte kurz auf: Versteckte Kamera. Irgendjemand wollte ihm einen Streich spielen, den
30 größten Bären aller Zeiten aufbinden. „Ein durch und durch perfekt ausgeführter, aber viel zu makabrer[4] Scherz", dachte er nervös.

Ein Streifenwagen fuhr durch die Straße und forderte per Megaphon dazu auf, unverzüglich zum Luftschutzkeller in der Humboldtallee zu gehen. Er wusste gar nicht, dass dort ein Bunker war. Und das, obwohl er hier
35 bereits seit über zehn Jahren wohnte. Die meisten Wohnungen waren mittlerweile ebenfalls hell erleuchtet. Aus einigen Türen traten sogar schon die ersten Nachbarn. Einer hatte nur einen Mantel über seinen Pyjama geworfen und trug einen kleinen Koffer. Das junge Paar von gegenüber zerrte seine drei zeternden Kinder hin-

---

[1] Missklang, Unstimmigkeit.
[2] Ärgernis.
[3] Konflikt zwischen den Westmächten (unter Führung der USA) und dem Ostblock (unter Führung der Sowjetunion), den diese von 1945 bis in die 1980er Jahre mit allen Mitteln unterhalb der Schwelle eines offenen Krieges austrugen.
[4] Grausig, mit dem Schrecklichen spaßend.

ter sich her. Und im Hintergrund dieses schreckliche Geheul, das kurzzeitig aussetzte, um dann wieder mit seinem Gebrüll die Stille der Nacht zu durchschneiden.

40 Während er noch unentschlossen hinabschaute, bemerkte er ein helles Licht über den Dächern der Häuser, das schnell an Intensität gewann. Einen flüchtigen Augenblick dachte er an einen Sonnenaufgang. Diese Vorstellung verwarf er aber rasch wieder, als er den schmutzig-grauen Pilz sah, der sich gierig in den Himmel fraß. Offenen Mundes und wie verzaubert glotzte er das Abbild menschlicher Unvernunft an. Er konnte es einfach nicht glauben. Das, was er sah, kannte er aus vielen Filmen und von zahlreichen Bildern, doch wirkte es so un-
45 wirklich, dass er immer noch meinte, seine Augen täuschten ihn, als ihn die künstliche Sonne umschlang und in die Dunkelheit mit sich riss.

Aufgaben:

1. Lesen Sie auch Frank Schades „Harmagedon" (S. 36-37) und arbeiten Sie tabellarisch inhaltliche Gemeinsamkeiten und Unterschiede heraus.

2. Beide Geschichten haben den Weltuntergang als Thema. Erörtern Sie, welcher Text gelungener bzw. überzeugender ist.

Carsten Langemann: **Unser aller**

Erschöpft erklomm er die letzten Stufen. Der Tag war wieder lang gewesen und sein ganzer Körper schmerzte. Wie viele Jahre würde er noch machen? Müssen? Mühevoll kramte er den Schlüssel aus seiner Tasche, die sich jetzt leichter als am Morgen trug, als seine Thermosflasche noch voll gewesen war. Während er langsam das filigran[1] gearbeitete Stück Metall eindringen ließ, betrachtete er seine Hand. Würde sie jemals wieder sauber
5 werden? Da half auch kein Schrubben. Keine Schmierseife konnte den Schmutz entfernen. Da half nur der Tod.

Er blickte zu Boden und schüttelte den Kopf über so viel Missmut, während er langsam eintrat. Vor ihm lag der Flur mit der Kommode, auf die er alles abstellte. Nein, bloß nicht die Tasche, die war dreckig. Das würde das gehäkelte Deckchen voll machen. Schnell nahm er sie wieder herunter und ließ sie auf den Boden sinken. Seufzend zog er den schweren Mantel aus und hängte ihn auf. Für die Schuhe würde er sich auf einen der bei-
10 den Küchenstühle setzen müssen, so kraftlos fühlte er sich.

„Schatz, kannst du schnell noch den Müll runter bringen, dann können wir essen! Linseneintopf", rief es aus der Küche. Als er den Raum betrat, erfasste ihn der füllende Wohlgeruch, der vom großen Topf stammte, wel-cher auf einer der vier Herdplatten stand und umgerührt wurde. Ein kurzes Lächeln und der Blick zum ver-schnürten Plastiksack, der auf dem Boden vor ihm stand.

15 Für den kurzen Weg brauchte er den Mantel nicht wieder anzulegen. Er griff nach dem Beutel und ging schlürfend hinaus.

Wenn er damals Martha geheiratet hätte, wäre dann die Begrüßung genauso ausgefallen? Arbeit nach der Arbeit! Martha hatte ihn wirklich gewollt. Was für eine Gelegenheit. Und Martha hatte nicht schlechter ausge-sehen. Wieso hatte er ihrem Vorschlag nicht zugestimmt? Ihr Vater hatte ihm außerdem eine Stelle in seiner
20 Firma angeboten. Bei besserer Bezahlung und geregelter Arbeitszeit. Da wäre vielleicht sogar ein kleines Häu-schen drin gewesen. Ein Bungalow am besten, dann müsste er nicht jeden Tag diese verdammten Treppen steigen. Er lächelte, während er die Stufen nahm, und schüttelte wieder einmal den Kopf: Büroarbeit ist er ja überhaupt nicht so auslaugend. Wieso also nicht Martha? Ihm fiel keine plausible Antwort ein. Leider konnte er es jetzt nicht mehr ändern, auch wenn er es sich wohl wünschte. Verpasste Chancen blieben das, was sie war-
25 en: verpasst.

Als er die Tür erneut aufschloss, stand sie vor ihm. „Hallo Schatz, wie war dein Tag?", fragte sie fröhlich und küsste ihm rasch auf die Wange. Sprachlos und mit weit geöffneten Augen starrte er sie an: „Was machst du denn hier?", stotterte er. „Oh, ich musste nur kurz noch etwas holen, das ich vergessen hatte. Maria und Wal-traud warten schon draußen im Auto. Essen ist in der Küche", erklärte sie hastig und stopfte etwas in ihre le-
30 derne Handtasche.

„Was?"

„Äh, Tomatensuppe."

„Tomatensuppe?"

„Na ja, ich hatte mal wieder wenig Zeit zum Kochen. Ich muss raus. Die beiden wollen mit mir zum Shoppen.
35 Kannst dir sonst noch ein Brot dazu machen, wenn's nicht reicht."

Sein Blick fiel in den Raum. Da stand sein Essen, das er sich in der modernen Mikrowelle warm machen konn-te. Die milchige Abdeckung ließ nicht erkennen, was genau darunter war. Aber er wusste es ja bereits.

„Bis später!" Es folgte ein flüchtiger Kuss auf die Wange und die Tür fiel zurück ins Schloss.

---

[1] Fein.

Erschöpft ging er hinein und setzte sich, um seine Schuhe auszuziehen.

40   Tomatensuppe! Das Beutelchen lag noch halbvoll auf der Platte. Nein, die hätte es bei Thea nie gegeben.

Aufgaben:

1. Klären Sie den Inhalt der Kurzgeschichte mit eigenen Worten. Lesen Sie diese dazu sehr sorgfältig und achten Sie besonders auf die verschiedenen Namen.

2. Beschreiben Sie eine Situation in Ihrem Leben, die für Sie eine verpasste Chance darstellt (vgl. Z. 17 ff.), und erklären Sie, ob Sie ihr heute noch ,nachtrauern‘.

3. Begründen Sie, inwiefern es sich bei „Unser aller“ um eine ,klassische‘ Kurzgeschichte handelt.

4. Erläutern Sie die Aussage der Kurzgeschichte unter Berücksichtigung des Titels sowie der Namensbedeutungen (www.beliebte-vornamen.de).

Richard Kreth: **Im Koma**

Meinen momentanen Zustand einem Fremden, Unwissenden darzustellen, zu erklären, ihn zu einer klaren
Einsicht zu bugsieren[1], erweist sich mir als eine schier unlösbare Aufgabe, denn ich erfahre dieses Dasein selbst
als zu wundervoll, als dass ich es zu verstehen trachte oder allein auch nur versuchte, es in Worte zu fassen – es
läge ohnehin jenseits meiner Fähigkeiten. Nie, so scheint mir, könnte eine Sprache diese Leichtigkeit des Seins,
diese Euphorie[2], meine Glückseligkeit ausreichend verständlich wiedergeben. Die Sphäre[3], in der sich mein
Geist in diesem Augenblick befindet, verweilt, dahinschwebt, wird den Zurückgebliebenen noch eine Zeit lang
ein Mysterium[4] bleiben müssen. Und falls ich letztlich doch gewillt wäre, jenen Verschmähten davon zu berichten, so würden sie das Geschenk weder zu würdigen noch zu verstehen wissen. Deshalb lasse ich sie weiter
lieben, sich selbst, einander und den borniertem Sumpf, den sie ihr glückliches Leben zu nennen wagen. Aber
nichtsdestotrotz werden sie – das ist einfach unvermeidbar - einen geringen Einblick erhalten in dieses lust-
freie, im Austausch dafür umso genussvollere Schweben zwischen Diesseits und Jenseits.

Bereits sechs Tage lang, seit meinem Unfall, der mir das konventionelle[5] Bewusstsein nahm, welches ich in
dieser Zeit noch nicht zurückerlangen wollte – trotz des steten Bemühens der weisen Ärzte und fleißigen, hüb-
schen Schwestern -, sind mein Geist und Körper uneins. Das Medium, das mir meine Gedanken ermöglicht,
meinen Charakter und Intellekt scheinbar beanspruchen darf, existiert formlos, unsichtbar nunmehr zwischen
Diesseits und Jenseits. Unter mir vernehme ich deutlich das spezielle Krankenbett der Intensivstation, erkenne
mühelos die teuren Armaturen, denen es nicht gestattet wird, zu ruhen, damit aufzuhören, meinen Körper
permanent auf seine gewohnte Verlässlichkeit hin zu überwachen, und die, falls der Klumpen Fleisch von der
von ihm verlangten Norm abzuweichen gedächte und mir mein irdisches Leben zu nehmen schiene, sofort
Alarm schlügen und rasch flinke Hände sowie ausgereifte Köpfe verständigten, die meine Organe durch be-
kannte und probate Mittel der modernsten Medizin zur Wiederaufnahme ihrer Pflichten zwängen. Doch wie
närrisch wirkt die menschliche Technologie, das Wissen, das wir uns über Jahrtausende hinweg angeeignet
haben, wenn es euch nicht gelingt, ja, wenn ihr unfähig seid, zu verstehen, dass es fern eurer Macht liegt, meine Augen aufs Neue zu öffnen, meine sonore[6] Stimme das Krankenzimmer vereinnahmen zu lassen. Obgleich
ich bis zu diesem Moment mit keiner Gewissheit das Kommende vorauszusagen vermag, scheint es mir dennoch, dass ich dieser arroganten Menschheit mit ihren bescheidenen Errungenschaften einen weiteren
Triumph schuldig bleiben werde, denn allzu sehr genieße ich meinen jetzigen Zustand. Ich erfahre eine Einigkeit
mit allem Sein, mit dem Universum, mit Gott. Dieser nennt mich seinen ungeborenen Sohn, der nicht ein weiteres Mal vergeblich geopfert werden darf, den er nicht zurückzuschicken wagt in die vergessene, vergessende
Welt voller Qual, Schmerz und Pein, Intrigen, Misstrauen, Kriegen und Grausamkeiten gegen jedes Geschöpf.
Wie oft kann es selbst ein Gott ertragen, seinen Sohn sterben zu sehen?

Aber dennoch zögere ich. Nicht Furcht lässt mich rasten. Vielmehr genieße ich die Momente, erfreue mich an
der Ungeduld des Fährmannes, dessen Gier nach meiner Münze[7] mein Verweilen lediglich in die Länge zieht.
Du wirst sie schon bekommen. Du weißt doch, mein treuer Kamerad, deine Hilfe wird ein jeder in Anspruch
nehmen. Bei mir musst du nur ein wenig länger warten, denn es ist noch ungewiss, ob du meinetwegen geru-
fen wurdest. Der Sog ist mächtig, der Rausch verführerisch, aber werde ich Aphrodite[8] missen wollen? Zwar
verspüre ich kein Verlangen, meine Begierde nach Liebe und Lust blieb zurück in meinem Körper, doch mag es
sein, dass mich die närrische Gestalt, habe ich den Strom erst einmal überquert, fortan zu necken weiß und mir

---

[1] Mühevoll irgendwohin bringen, leiten.
[2] Begeisterung, Hochstimmung.
[3] Bereich, Gebiet.
[4] Rätsel.
[5] Herkömmlich, gewohnt.
[6] Klangvoll, volltönend.
[7] Einen Obolus (Münze) verlangt in der griech. Mythologie Charon, der greise Fährmann, welcher die Verstorbenen über den Totenfluss
Acheron (häufig werden auch die Flüsse Lethe oder Styx genannt) setzt, damit sie ins Reich des Totengottes Hades gelangen können.
[8] In der griech. Mythologie die Göttin der Liebe, der Schönheit und der sinnlichen Begierde.

das Hinterbliebene rücksichtslos offenbart. Mitzunehmen auf die andere Seite vermag ich nur den Moment.
Gleichwohl, mein Geist scheint mir noch zu jung und edel, als dass für ihn bereits der Zeitpunkt gekommen wäre, hinüber zu seinem Ursprung zu reisen, um später aus dem Wasser erneut geboren zu werden und den ewigen, göttlichen Kreislauf zu schließen. Missmutiger Charon[1], hör' auf zu quengeln und gönn' mir einen weiteren Augenblick!

Meine besten Freunde sind zu Besuch. Das erste Mal seit meiner Einlieferung ist ihnen die Erlaubnis zugesprochen worden, sich vor meinem Bette zu versammeln, um ihr Lamento[2] gemeinsam anzustimmen. Friedlich ruht mein Körper, während sie das Klagelied synkopisch[3] wiederholen. Sie betrachten die geschlossenen Augen, trachten nach einem Blinzeln, vielleicht einem Zwinkern, das das baldige Öffnen des Paares ankündigen könnte, würde, warten auf ein Lächeln, das ich ihnen nicht zu geben gedenke. Sie verharren ebenso geduldig wie Charon. Wäre ich dann von ihnen gegangen, wünschten sie sich nichts so sehnlichst wie ein Wirtshaus, in dem sie eine tollkühne Rhapsodie[4] erdichten und diese in immer gröberen Nuancen bis weit nach Mitternacht durch den Schleier der Getränke und des Rauches über den Tisch sich gegenseitig entgegenwerfen würden. Ach, was wüssten sie doch für tollkühne Erlebnisse über mich zu berichten! Alle, selbst die, von denen ich es kaum erwartet hätte, kämpften gegen Tränen an, und nur wenigen gelänge es, gegen so viel Bier und Solidarität erfolgreich zu sein, so dass sich ein mancher von der trauernden Runde abwenden müsste, um sich die aufkommende Zähre[5] beobachtet fortzuwischen und den schleimigen Inhalt seiner Nase, sowohl um die Schwere der Tortur geräuschvoll zu unterstreichen als auch um nicht selbst das Zeitige zu segnen, mit Gewalt in ein Taschentuch zu drücken. Ich lese in ihren Gedanken, sie sind mir allesamt bekannt. Ja, einigen muss ich zugestehen, dass ihre Emotionen nicht wirklich das Ergebnis einer schauspielerischen Meisterleistung sind. Diese wahre, reine Trauer ergreift auch mich, macht mir meinen Entschluss zu verweilen schwer. Trotzdem bin ich nicht gewillt hinab in meinen Körper zu steigen, denn mir ist etwas bekannt, das meine Freunde erst nach Monaten erfahren werden, das momentan nur in ihrem Unbewussten lebt. Vorwürfe zu äußern, liegt mir fern, fehlt mir doch das Recht dazu, weil meine Person an ihren Stellen denselben Makel besäße. Der liegt in der Natur des Menschen. Sei's zum Selbstschutz oder einfach wegen der beschränkten Kapazität des Gedächtnisses. Bei meiner Beerdigung würde zweifelsohne emsig getrauert und über diese noch einige Zeit hinaus. Viele ihrer Wehklagen wären durchaus aufrichtig und ehrlich, so dass zahlreiche Taschentücher meinetwegen für einen kurzen Moment benötigt würden, dann allerdings baldigst zerknüllt ihr kurzes Leben durch einen Papierkorb beendet wüssten. Aber die Zeit heilt auch die kleineren Wunden und ein Neuer würde meinen Platz in ihrer Gemeinschaft einnehmen und mich mit demselben Frohsinn ersetzen, genauso vergnügt und fidel, wie ich es einst war. Ich erblicke beschwingte Feste, die in der Zukunft erscheinen; sie ragen nicht minder hoch über die Ebene des Alltäglichen und die wenigen Erinnerungen, die sie mir während dieser schenken, tragen stets die Maske der Anekdote[6]. Es bedürfte zweifelsohne eines recht kurzen Rinnsals, bis ich aus ihren Gesprächen und Erinnerungen gründlich gegangen wäre.

Die Enden ihrer langen blonden Haare ruhen sanft auf den Schultern. Der Raum ist erfüllt von ihrem grellen Schluchzen. Sie sitzt auf dem einfachen Stuhl, den sie nahe an die Längsseite meines Bettes herangerückt hat, um meine blasse Hand bequem streicheln zu können. Immer und immer wieder küsst sie diese und fleht mich an, endlich aufzuwachen. Es scheint mir, als müsse mein technischer Wächter augenblicklich die Ärzte und Schwestern herbeirufen, um mein gebrochenes Herz zu retten. Vermeintlicher Neid erwacht in mir. All diese verschwenderischen Liebkosungen für einen Körper, der sie nicht zu schätzen weiß. Ist es Sehnsucht, ihre Lip-

---

[1] Siehe Fußnote 7, Seite 42.
[2] Geschrei, Gejammer.
[3] Rhythmisch verschoben.
[4] Gedicht in freien Rhythmen.
[5] Träne.
[6] Kurze, oft witzige Geschichte zur Charakterisierung einer Person.

pen zu spüren? Sie muss der Grund sein, weshalb ich gezögert habe! Lass mich die unglückselige Münze ins
Wasser schleudern, dass ich ihren Atem in meinem Haar wieder vernehme und den Kuss erwidern kann.

Sie hat Abschied genommen. Mein Körper teilt sich den Raum abermals mit mir, denn ich bin nicht zurückgekehrt. Zwar ist ihr Haupt mit Kummer erfüllt gewesen, einem Schmerz über den möglichen, wahrscheinlichen
Verlust ihrer Liebe, des Menschen, mit dem sie gar manche Stunde das Bett geteilt, sich oft gestritten, aber
stets von Neuem zu einer glücklichen Eintracht gefunden hat. In ihrem Unbewussten weilt jedoch die Hoffnung,
die Pein zu überstehen, um irgendwann eine neue Liebe finden zu können. Der Platz in ihrem Herzen, den momentan ich mein Eigen nennen darf - und kehrte ich zurück, könnte ich selbstverständlich meinen Anspruch auf
ihn geltend machen -, würde in nicht allzu ferner Zukunft ein anderer mit demselben Recht fordern. Es mag
grausam klingen, aber ich mochte ihrem Flehen nicht nachgeben.

Obwohl mein Vater sich heute Morgen rasiert und meine Mutter wider ihre Überzeugungen Kosmetika auf-
getragen haben, wirken beide unendlich müde und alt. Auch der unsensibelste Bursche würde mühelos die
Überwindung bemerken, die es sie kostet, meinen derzeitigen Zustand als unabänderlich anzuerkennen.
Schweigend stehen sie am Bettende. Die Stille wird mehr gestört durch die monotonen Töne der Apparate als
durch das kaum hörbare Weinen meiner Mutter, das sich nahezu unbemerkt in ihrer Mimik widerspiegelt. Sie
vergräbt ihr sonst so hübsches Antlitz, das nun von zahllosen Tränen aufgedunsen ist, an der Schulter meines
Vaters, der still, beinahe starr vor meinem Körper weilt, der Herr der Lage zu sein wünscht, aber doch sinnlos
kämpfend mit den Tränen ringt. Zögernd, wie im Traum versunken, löst sich die Mutter vom Vater, wendet sich
unter einem lauten Seufzen von ihm ab und verlässt, ohne sich noch einmal umzudrehen, den Raum. Die so
kraftvoll unterdrückten Tränen meines Vaters haben sich unterdessen in seinen Augäpfeln gesammelt, sind
übermenschlich geworden und beginnen, seine faltigen, eingefallenen Wangen hinabzugleiten; zunächst langsam, um dann - kurz vor dem Fall auf den Boden - ihrem endgültigen Schicksal, welches sie mit zahllosen vor
ihnen teilen, immer rascher entgegenzueilen. Er hinkt schwerfällig - erneutes Wasser im Knie erschwert ihm
das Gehen - um das Bett herum und bleibt an meiner rechten Seite stehen; dort, wo wenige Stunden zuvor
meine Liebe weilte und Kameraden über mein Unglück klagten. Auch er ergreift meine Hand, stehend. Auffällig
ist der Kontrast: seine zart bräunlichen Altersflecken und die Blässe seiner Haut, die selbst der meinigen wieder
ein gesundes Aussehen schenken. Stumm streicht er mit seinem Daumen über meinen Handrücken. Er zweifelt
am Können der Ärzte, unterstellt ihnen ungewollt, dass diese weder genügend Zeit noch ausreichend Wissen
meiner verhängnisvollen Lage widmen. Ach, mein wahrer Vater, Dein Misstrauen ist unbegründet! Nein, es
liegt nicht in der Macht der Doktoren, mich zurückzuholen. Ich alleine muss entscheiden.

Eine adrette[1] Krankenschwester betritt das Zimmer. Mein Vater entlässt verstört und erschrocken meine
Hand zurück in die Freiheit. Auch jetzt ist es ihm unmöglich, seinen Gefühlen dasselbe wie meiner Hand zu
schenken. Beschämt, als ob er bei einer Ungezogenheit ertappt worden wäre, dreht er sich kurz lächelnd von
der jungen Dame ab, die sich sodann über meinen Körper beugt, das Obergewand ein wenig hinaufzieht, um in
den speckigen Bauch eine Spritze dringen zu lassen, aus der einen Moment später eine durchsichtige Flüssig-
keit in das lethargische[2] Fleisch strömt. Nach dem obligatorischen Blick auf die modernen Geräte und einem
aufmunternden in Richtung meines Vaters verlässt sie den Raum. Das nahezu lautlose Schließen der Zimmertür
hallt in den glänzenden Augen meines verwirrten Vaters wider, der nun wieder allein mit meinem sanft
schlummernden Körper ist. Er wagt es nicht, meine Hand noch einmal in die seinige zu führen. Stattdessen tritt
er zurück an das Fußende des Bettes. Dort steht er schweigend minutenlang und ich nutze diese Stille, um in
seine Gedanken einzudringen. Oh, wie sehr er mich vermisst! Wie sehr er begehrt, mich endlich aufs Neue in
seine Arme nehmen zu können und den Druck dieser Liebkosung erwidert zu spüren! Die Hoffnungen meiner
Eltern sind dieselben. Obwohl sie in den letzten Jahren nur allzu selten einer Meinung gewesen sind, in diesem
Moment fühlen sie gleich: Ihr einziger Wunsch ist meine Rückkehr. Aus ihrem Unbewussten entnehme ich

[1] Ordentlich, sorgfältig, gepflegt.
[2] Träge.

unverkennbar, dass niemals ein Mensch auf dieser Welt existieren wird, der mich auch nur im Geringsten ihnen ersetzen könnte. In keiner Zukunft würde ein anderer meine Stelle sein Eigen nennen dürfen. Von plötzlichem
125 Schmerz durchdrungen, muss ich verstehen, dass meine Eltern im Gegensatz zu all meinen Freunden und Bekannten erst dann wieder des glücklichen Lachens mächtig wären, wenn sich ihr Geist mit meinem verbunden hätte. Die Vermutung, dass ihre Trauer um mich in ihrem irdischen Leben verblassen könnte, entblößt sich mir als eine vollkommene Torheit.

„Junge, komm´ zurück zu uns!"

130 Die heisere Stimme meines Vaters durchschneidet die sterile Luft des Raumes. Sie ist von der Furcht bestimmt, ich hörte ihn nicht. Nein, meine Eltern dürfen es nicht sein, die mein Grab beweinen. Diese Aufgabe ist nicht Teil ihres Daseins, liegt sie vielmehr bei den Kindern. Es ist mein Schicksal, das von mir fordert, sie zu ihrer letzten Ruhestelle zu führen und dort im Zeichen der Trauer den längsten Augenblick meines Lebens zu verweilen. Die Reinheit ihres höchsten Wunsches offenbart mir gnadenlos meine Dummheit. Hier Charon, nimm die
135 Münze als Dank, dass du vergebens gewartet hast. Mein endgültiger Entschluss ist gefasst:

Ich kehre zurück in den Schoß meiner Mutter, unter die Hand meines Vaters!

Aufgaben:

1. *Fassen Sie die Erzählung in Form einer strukturierten Textwiedergabe (Inhaltsangabe) zusammen.*

2. *Erörtern Sie, inwiefern „Blut dicker als Wasser" ist.*

Lösungsansätze

M. Deuster: Die Tauben

3. *Erläutern Sie die Doppeldeutigkeit des Titels.*

   Mehrere Tauben spielen in der Erzählung eine wesentliche Rolle, sodass sich der Titel auf den ersten Blick auf diese bezieht. Letztendlich wird eine der Tauben Daniel zum Verhängnis, der nur wegen seiner Begeisterung für die Jagd auf sie einen tödlichen Unfall hat. Es scheint sogar, als würde die Taube, die er überfahren will, triumphierend nach seinem Tod über ihm sitzen (vgl. Z. 148). Doppeldeutig ist der Titel, weil weder Daniel noch sein Bruder, der Erzähler, auf die Worte des alten Mannes hören. Die beiden sind quasi taub, also ebenfalls ‚die Tauben'.

4. *Stellen Sie Mutmaßungen darüber auf, wer der alte Mann ist, und begründen Sie Ihre Spekulationen.*

   Der alte Mann, das phantastische Element der Erzählung, könnte aufgrund seines Aussehens, seiner Sprache und Botschaft sowie seiner übernatürlichen Fähigkeiten den alttestamentarischen (strafenden) christlichen Gott darstellen.

   Lesen Sie hierzu auch 5.

5. *Finden Sie im Internet heraus (z. B. unter www.beliebte-vornamen.de), welche Bedeutung der Name Daniel hat, und setzen Sie Ihr Ergebnis in Beziehung zum Inhalt der Erzählung.*

   Da Daniel der einzige Name ist, der in der Erzählung vorkommt, gilt ihm besonderes Augenmerk. Es kann davon ausgegangen werden, dass M. Deuster bewusst den Namen Daniel gewählt hat. Daniel, ein biblischer Vorname, bedeutet ‚Gott ist mächtig' bzw. ‚Gott ist mein Richter'. Gott bestraft somit bewusst denjenigen, der nicht auf ihn bzw. seine Warnungen hört und das Leben, d.h. seine Schöpfung, nicht achtet.

S. Kühn: Der Rattenkäfig

3. *Stellen Sie Mutmaßungen darüber auf, welche Einstellung der Autor zu Tierversuchen hat, und begründen Sie Ihre Spekulationen.*

   Die Art und Weise, wie die Ratten, insbesondere die erzählende, dargestellt werden, d.h. mit menschlichen Zügen (kindlicher Naivität, Freiheitswunsch etc.), deuten darauf hin, dass S. Kühn gegen Tierversuche ist. Die Teilnahmslosigkeit des ‚Pflegers', wenn er Spritzen (mit sicherlich tödlichem Inhalt) verabreicht (45 f.) oder die umgefallene Alte abholt (59 f.), unterstützt die Vermutung. Der Aufenthaltsort der Ratten (ein Käfig in einem fensterlosen, sterilen Raum; Z. 39 f.) mit seiner bedrückenden Enge, die nur wenige Schritte erlaubt, und der Verlust der Eltern und Verwandten (Z. 19 f., 30 f.) erregen beim Leser Mitleid.

Y. Szymoniak: Der Eremit

2. *Erläutern Sie die „ausweglose Situation, in der sich der Eremit" (Z. 83) befindet.*

   Die Frage des Kaufmannssohns, ob er einen lebendigen oder toten Spatz in seinen Händen halte (Z. 79 f.), bedeutet für den Eremit tatsächlich eine ‚ausweglose Situation'. Der Spatz ist natürlich lebendig. Doch antwortet der Einsiedler genau das, so drückt der Kaufmannssohn zu, tötet auf diese Weise den Vogel und zeigt dann allen den leblosen Spatz, um den Eremit vor der Menge als närrischen Lügner zu überführen. Behauptet der Eremit jedoch, dass der Vogel bereits tot sei, öffnet der Kaufmannssohn die Hände und lässt ihn frei. Der Einsiedler wäre auch in diesem Fall der Lüge überführt.

3. *Erklären Sie, weswegen der Kaufmannssohn den Spatz freigibt.*

   Der Kaufmannssohn hat erkannt, dass er für eine törichte Wette das göttliche Geschenk des Lebens, das selbst in einem Spatz steckt, aufs Spiel setzen wollte (vgl. Z. 86 ff.). In den Worten des Eremiten erkennt er die Wahrheit: Bewahre das Leben!

W. Hagenguth: Der Mörder

2. *Erklären Sie, welche Schuld der Vater seinem Sohn zuschreibt.*

   Der Vater beschuldigt seinen Sohn, den Tod der eigenen Mutter verursacht zu haben. Diese ist anscheinend bei der Geburt des Sohnes (Erzählers) gestorben, hat somit ihr Leben für seins gegeben (Z. 74 ff.).

3. *Erläutern Sie, weswegen der Vater lächelt, als sein Sohn ihn umbringen will (Z. 99), und warum er am Schluss geht und diesen freilässt.*

Durch seinen geplanten Mord am eigenen Vater bestätigt der Sohn den bis dahin absurden Vorwurf, ein Mörder zu sein. Auch wenn das Vorhaben misslingt, so zeigt er dem Vater damit, dass er töten kann. Einzig und allein auf diesen Beweis hat der Vater gewartet.

M. Dräger: Eigentlich

2. *Finden Sie inhaltliche Gemeinsamkeiten und Unterschiede der beiden Versionen heraus und begründen Sie, welche Ihnen besser gefällt.*

Gemeinsamkeiten: Jugendliche sind für den Tod eines Lebewesens verantwortlich; zeigen keine Reue (abgeschwächt durch ‚eigentlich').

Unterschiede: Igel – Mensch (Jugendlicher); Mord aus Spaß – Unfall (Selbstmord?); in der zweiten Version ist die fehlende Reue deutlicher: „Eigentlich schade, dass wir nicht noch so einen kennen!" (Z. 14).

3. *Erklären Sie die Bedeutung des Wortes ‚eigentlich' und wann es benutzt wird. Setzen Sie Ihre Ergebnisse in Beziehung zu den Geschichten.*

‚Eigentlich' ist unter anderem ein Abtönungspartikel, das eine Bedeutung kaschierende Funktion besitzt. Es schwächt die jeweilige Aussage ab (einerseits – andererseits), drückt mitunter Unsicherheit aus. In den Geschichten werden so die Reuebekenntnisse des Erzählers zur Farce.

S. Böhm: Der göttliche Fehler

2. *Stellen Sie Mutmaßungen darüber auf, wer Vater und Sohn sind, und begründen Sie Ihre Spekulationen.*

Das Verhalten und die uneingeschränkte, somit göttliche Macht weisen den Erzähler und seinen Vater als Jesus und Gott aus.

3. *Erklären Sie, was genau der Vater getan hat und seine Gründe dafür.*

Gott hat die Menschheit vernichtet, indem er das Licht, das er einst laut biblischer Schöpfungsgeschichte der Welt gab (vgl. Genesis, Moses 1, 3-5), genommen hat. Die Menschheit hat nicht nach seinem Ebenbild Liebe und Barmherzigkeit gesät, sondern lediglich in Habgier und Hass gelebt (Z. 41 ff.).

J. Adler: Kleine Fabel

2. *Erläutern Sie, was an der Geschichte ‚fabelhaft' ist.*

Der Text enthält typische Elemente einer Fabel. Der Igel (ein Tier) hat menschliche Eigenschaften: Er spricht und besitzt ein kindliches Denken und Planen. Die Lehre (Moral): Sei nicht zu selbstsicher, denn auch ein guter Schutz kann dich nicht immer vor Unheil bewahren!

Allerdings fehlt der (tierische) Partner und somit auch der dialogische Charakter - sonst typische Merkmale für eine Fabel.

C. Ulm: Die Zündschnur

2. *Erklären Sie: „mag es sein, dass sie [die Menschen] ihr Unbehagen zerschlafen wollten" (Z. 16 f.).*

‚Zerschlafen' (ein Neologismus) erinnert durch die Vorsilbe ‚zer-' an Wörter wie ‚zerstören', ‚zermalmen', ‚zerreißen' etc., die alle etwas gewaltsam auflösen. D.h. ‚zerschlafen' bedeutet, dass durch intensives, langes Schlafen die Menschen ihre Ängste und Bedenken verlieren wollen; sie schließen die Augen vor Problemen und erwarten, dass diese von allein durchs Schlafen verschwinden.

3. *Formulieren Sie eine mögliche Intention der Parabel und belegen Sie diese anhand des Textes. Nennen Sie ferner konkrete Beispiele aus Vergangenheit und/oder Gegenwart.*

Die Parabel möchte das ‚Zerschlafen' verhindern und den Leser wachrütteln. Dieser soll zum Warnenden/Alarmierenden werden und sich schließlich aber nicht vor der Bewältigung eines Problems ausruhen. Historisches Beispiel: Hitlers Weg bis zum Weltkrieg, der durch gemeinsames Vorgehen der europäischen Staaten hätte verhindert werden können. Gegenwärtiges Beispiel: Die globale Erwärmung.

4. *Formulieren Sie das wahrscheinliche Ziel der Verfolger der Zündschnur und äußern Sie begründete Vermutungen darüber, weswegen es nicht explizit im Text genannt wird.*

Das Ziel der Verfolger ist sicherlich, die brennende Zündschnur zu löschen und damit die Explosion (die Vernichtung) zu verhindern. Ein Grund, weswegen das Ziel in der Parabel nicht explizit genannt wird, mag seine Offensichtlichkeit sein.

Doch spricht das Verhalten der Verfolger ebenfalls dafür, dass sie sich nicht wirklich im Klaren darüber sind, weswegen sie die Zündschnur überhaupt verfolgen. Das so Offensichtliche birgt die Gefahr durch seine ihm immanente Evidenz übersehen und ignoriert zu werden. Dieses würde den naiven Umgang der Verfolger mit der existierenden Gefahr erklären. Sorglos legen sie eine Rast ein und beginnen durchaus das drohende Unheil erneut zu ignorieren: „[...] begann gerade – so wie die anderen Verfolger um ihn herum - glücklich vor sich hinzudösen [...]." (Z. 32f.). Hierdurch wird die mahnende und warnende Botschaft der Parabel abermals deutlich.

F. Schade: Harmagedon

1. *Lesen Sie auch Susanne Steinhagens „Sirenen" (S. 38-39) und arbeiten Sie tabellarisch inhaltliche Gemeinsamkeiten und Unterschiede heraus.*

Gemeinsamkeiten: Untergang der Erde durch nuklearen Krieg.

Unterschiede: Der Protagonist in „Harmagedon" weiß, dass es zur Zerstörung der Erde kommt (Z. 5); wodurch ist ihm aber unbekannt (Z. 14 ff.). Er ist sogar froh darüber, weil er den Menschen, ein „scheinheiliges und selbstsüchtiges Geschöpf" (Z. 47), nicht leiden kann (vgl. Z. 48).

3. *Erläutern Sie die Anspielung auf Goethes „Faust" in Z. 32 ff.*

Der Mensch missbraucht seine von Gott gegebene Vernunft. Dies macht ihn „tierischer als jedes Tier" (V. 286). Zwar versucht er, sich vom Tier zu entfernen, das gelingt ihm aber nicht. Wie die Grille („Zikade") schwingt sich der Mensch zum Höhenflug auf und fällt dann doch immer wieder kläglich auf den Erdboden zurück (vgl. V. 287-290). Mephistopheles versteht den Menschen somit nicht als Krone der Schöpfung, sondern als absolute Fehlkonstruktion. Für die Geschichte bedeutet es, dass ganz allein der Mensch durch seine Unvernunft für die kommende Vernichtung alles Lebens verantwortlich ist und Mephistopheles letztendlich recht hat.

4. *Erklären Sie, weshalb die „Zeit stehen" bleibt (vgl. Z. 51).*

Die Zeit ist ein menschliches Konstrukt. Da der Mensch aufhört zu existieren, stoppt mit dem Moment seines Verschwindens auch die Zeit. Es gibt niemanden mehr, der sie messen könnte oder überhaupt benötigen würde. Sie ist von nun an bedeutungslos geworden.

S. Steinhagen: Sirenen

1. *Lesen Sie auch Frank Schades „Harmagedon" (S. 36-37) und arbeiten Sie tabellarisch inhaltliche Gemeinsamkeiten und Unterschiede heraus.*

Gemeinsamkeiten: Untergang der Erde durch nuklearen Krieg.

Unterschiede: Der Protagonist in „Sirenen" wird durch das Geheul der Sirenen aus dem Schlaf gerissen und weiß nicht, dass es zur Zerstörung der Erde kommt. Die Berichte in den Medien wundern und irritieren ihn. Er kann bis zum Schluss nicht glauben, dass es in der Erzählergegenwart zu einem nuklearen Krieg kommen kann (vgl. Z. 44-45).

C. Langemann: Unser aller

3. *Begründen Sie, inwiefern es sich bei „Unser aller" um eine ‚klassische' Kurzgeschichte handelt.*

Vorhandene Merkmale der Kurzgeschichte: Kürze des Textes, Alltagsmenschen und -ort, wenige Figuren, offener Anfang, innerer Monolog, kurze erzählte Zeit – untypische Merkmale: kein offenes Ende, phantastisches Moment (Wechsel der Frauen).

4. *Erläutern Sie die Aussage der Kurzgeschichte unter Berücksichtigung des Titels sowie der Namensbedeutungen (www.beliebte-vornamen.de).*

Thea (griech.), die Kurzform von Dorothea, bedeutet ‚Gottesgeschenk'. Sie bereitet dem Erzähler mit aller Fürsorge ein richtiges Mittagessen zu („Linseneintopf", Z. 11). Auch wenn sie ihn gleich nach Ankunft auffordert, den Müll hinunterzutragen, so bleibt sie doch zu Hause und kocht für ihn.

Martha (hebräisch.) heißt die Herrin. So zeigt sich die (Traum-)Frau des Erzählers, die ihn gleich nach der Ankunft wieder verlässt und auf die Mikrowelle verweist (Z. 29, 36), wo eine Fertigsuppe auf ihn wartet, als wenig begehrenswert. Ihr ist der Einkaufsbummel mit den Freundinnen wichtiger, als Zeit mit ihrem Mann zu verbringen (vgl. Z. 34).

„Unser aller" Wunsch ist es wohl, verpasste Chancen ungeschehen zu machen, weil wir dann anscheinend ein besseres Leben führen würden. Doch zeigt die Geschichte, wie trügerisch dieser Gedanke ist.

Der Titel mag aber auch bedeuten, dass es „unser aller" Schicksal ist, dass wir – mit relativ wenigen Folgen für unsere Umwelt und Mitmenschen – austauschbar, d.h. ersetzbar sind.